幼儿园问题式学习丛书

广东省学前教育"新课程"科学保教示范项目"幼儿园问题式学习课程的构建研究"
（立项编号：2020XQXKCB04）研究成果

U0573958

幼儿园
问题式学习课程
教师研训篇

YOU'ERYUAN
WENTISHI XUEXI KECHENG
JIAOSHI YANXUN PIAN

池丽萍 等 ◎编著

北京师范大学出版集团
BEIJING NORMAL UNIVERSITY PUBLISHING GROUP
北京师范大学出版社

图书在版编目（CIP）数据

幼儿园问题式学习课程．教师研训篇／池丽萍等编
著．—北京：北京师范大学出版社，2025.1
ISBN 978-7-303-28948-6

Ⅰ．①幼…　Ⅱ．①池…　Ⅲ．①幼教人员-师资培训
Ⅳ．①G61

中国国家版本馆CIP数据核字（2023）第037330号

图书意见反馈　gaozhifk@bnupg.com 010-58805079
营销中心电话　010-58802755 010-58800035
编辑部电话　010-58808898

出版发行：北京师范大学出版社　www.bnupg.com
　　　　　北京市西城区新街口外大街12-3号
　　　　　邮政编码：100088
印　　刷：天津旭非印刷有限公司
经　　销：全国新华书店
开　　本：787 mm×1092 mm　1/16
印　　张：11.75
字　　数：232千字
版　　次：2025年1月第1版
印　　次：2025年1月第1次印刷
定　　价：42.00元

策划编辑：苏丽娅　罗佩珍　　责任编辑：郭　瑜
美术编辑：焦　丽　　　　　　　装帧设计：焦　丽
责任校对：陈　民　　　　　　　责任印制：赵　龙

编委会

作　　者: 池丽萍　等

课程顾问: 虞永平　潘希武

研究团队: 池丽萍　姜丽云　刘　颖　王　煦　周丽霞

　　　　　谭　甜　陈易萍　宋　媛　陈炯姗　陈淑清

　　　　　方越丽　朱细欢　刘瑞霞　邢思远　杜　伦

　　　　　谭碧莹　杜晓玲　林弋婕　杨耀君　黄青棠

　　　　　梁　茜　陈燕君　李　玥　李捷夏　陈小玲

　　　　　吴　蓉　房少萍　徐艾琪　常雨涵

以问题式研究探寻问题式学习课程

十多年前池丽萍园长来我办公室，跟我谈她们的问题式学习研究。那是我们的第一次见面，我的印象是池园长很执着，也肯钻研，看了不少书。当时问题式学习主要是中小学在研究，幼儿园还很少有研究的。我感觉这是一个很有价值的课题，值得深入研究。

此后，与池园长的联系慢慢多起来。概括一下我们联系的特征，就是"问题牵引"。我查看了一下我们的微信，绝大部分内容是在讨论池园长提出的问题。实事求是地说，有些问题我也没有答案，我只是在谈我的想法，我怎么看这个问题，如果是我面临这个问题，我会怎么做。讨论的过程，是相互成就的过程，我在与池园长的讨论中，除了给她们提供一些思路和方法外，自己对学习和课程领域的一些问题的认识也更加深入了。

很惭愧，我有的时候因为工作一忙，头绪一多，就把池园长提出的问题给忘了，这时池园长就会用一些方式提醒我。回想一下，我对深圳市第十一幼儿园（下文称：十一幼儿园）的了解基本上是在陪伴她们思考的过程中实现的。后来有机会我去了一趟池园长的幼儿园，感觉它跟我想象的状态差不多。

池园长的团队持之以恒地研究问题式学习，不为"潮流"所动，难能可贵。问题式学习在他们的思想深处扎了根，不只是有理念，而且有了信念。也正因为如此，他们才能克服多重困难，奋力前行。问题式学习首先不是为幼儿园提出来的，没有一个现成的幼儿问题式学习模型，幼儿的学习不同于中小学生，那幼儿如何进行问题式学习呢？答案只能在实践之中，通过多样化的尝试来提升和架构幼儿问题式学习基本模型。池园长带领大家做到了。在此基础上，十一幼儿园的老师们向着一个更高的目标迈进——构建问题式学习课程。这是一项更加艰巨的任务，要将幼儿的全面发展与问题式学习结合起来，用问题式学习支撑幼儿的全面发展。功夫不负有心人，池园长的团队做到了。

大概是2021年9月，池园长给我发信息，说问题式学习将进入4.0版，还给我发来了新的提纲。我感到这是他们踏上的又一个新台阶，真的为他们高兴。我也用更高的要求对他们的提纲提出了一些意见和建议。提完意见，我自己也有点犹豫，是不是要求太高了？会不会为难她们？我不知道池园长看到这些意见的感受，但我看到了答复——只要给我们方向，我们就去努力。最近这几个月，我可以想象池园长团队的艰辛和努力。看到最新一稿的《幼儿园问题式学习课程》，我终于松了一口气，也对这个团队多了几分敬佩。

　　世上没有不费力气的成果，只有坚持不懈的努力，才能换来赏心悦目的成果。期待十一幼儿园问题式学习课程的5.0版，我会继续陪伴。

虞永平
于东航赴湛江班机

以问题式学习改变概念式思维

认识池丽萍园长有十多年了。缘于她主持的一场市规划课题开题报告会，我刚来深圳不久就有机缘与其相逢。那次会议给我留下了深刻的印象，现在依然记得当时研究的主题就是幼儿园问题式学习。前段时间她居然翻出了十多年前的开题会议合影，颇让人唏嘘，让我感叹的并非是似水的年华或易逝的青春，甚至也不是科研的执着——尽管这也非常令人动容，而是照片上的大家看上去那么青春热情、无忧无虑、从容淡定以及发自内心显现出来的真挚灿烂，全凭一腔热情热血，定格了往日的美好！现在还能不能找到这样的图景，我不知道，或许在忙忙碌碌中还有超越的影子。

幼儿教育至关重要，学前教育课程建设甚为关键，这些都是常识。问题在于我们是否真正体会到幼儿学习的本质并付诸实践。问题式学习的概念尽管源起于西方，但并不妨碍我们的实践应用。人永远充满着对外部世界的好奇，此乃学习的原生动机；教育不过是一种唤醒和激发，而问题式学习则是好的动机激发方法。而且，问题式学习通过调动幼儿的身心参与，促进其身体体验、感官意识体验的发展，回归真正的学习，改变概念式思维。这难道不应是我们需要去探索的吗？我们的教育存在的主要问题就在于太多的知识传授，我们可能忘记了知识产生的来源，遗忘了具有普遍性和抽象性特点的知识其实来源于生活中的问题。体系化的知识其实隐藏在具体的问题、实验、情境以及微观叙事中，而不是依赖于直接灌输给孩子。任何知识的真实建构都是在具体情境中获得的。池园长及其团队选择问题式学习作为幼儿园教学实践的探索领域，正是深刻认识到了其中的价值。

但问题是，我们对问题式学习的概念通常浮在中小学校问题探究式学习上，或者说，探究式学习通常在中小学获得实践模式。能否以及如何在幼儿园推进问题式学习，不好想象，至少当时没有现成的经验模式可参考。这需要一种勇于探索的精神。池园长及其团队采取实证研究，在实践中进一步修订一般意义上的问题式学习相关指标，使其更加符合幼儿学习的特点和实际，较早探索出幼儿问题式学习教学方式；并且，深入探索不同问题类型下的学习方式，整体构建起幼儿问题式学习课程体系、教学方式及其相应的空间建设体系。十多年的实践研究，形成了一套操作性的实践模型，即将出版成书，实为幸事。

　　我更欣赏的是池园长对科研的热爱，一种无功利的热爱。有几次我鼓励她用这些成果去申报一些荣誉或奖励之类的东西时，她似乎没有太大的兴趣。在做事中找到快乐，这也是一种境界。

　　这本书对问题式学习的探讨，走在了教育教学改革的前沿，也或许不是前沿，而是回归了教育的本质。我比较喜欢西方一位哲学家说的话，"有的人走远了，而我就在原地"。这对研究而言还是很重要的。诚然，教学改革是需要鼓励的，但我更想说的是，池园长对研究的热爱和耕耘精神对我们来说更是一种激励。

　　是为序。

潘希武

深圳市教育科学研究院

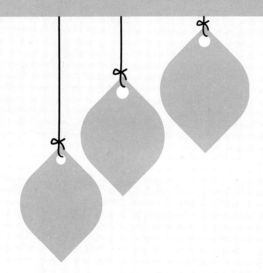

上篇　理论篇

第一章 问题式学习教师研训模式研发背景

  21世纪经济发展日新月异,社会面貌呈现出不同于以往的新特点,对于教育和人才的期望发生了巨大的变化。课程是教育的核心,教育的发展与变革也历来是以课程的变革为核心的。因为课程集中、具体地体现了教育目标、教育内容、教育方法、手段、形式及教育评价等教育现象中最本质的内容。[①]教育研究的中心点无疑应在课程领域内,幼儿园课程是学前教育实践的指南,是学前教育目标转化为儿童身心发展的桥梁与中介,而与幼儿关系最为密切的教师则成为课程落地的关键所在,问题式学习课程的生成性、整体性、生活化和游戏化等特点使得其对教师的期待超越了以往分科式、计划式课程的要求,在实践过程中表现出对教师课程设计与实施能力及问题式学习素养的期待,教师不再只是课程的执行者,而是课程的设计者,学习环境的创设者,幼儿游戏和活动的观察者、游戏伙伴、支持者。问题式学习(Problem-based-learning,以下简称PBL)的特点和优势契合了教师研训需求,对改造传统以理论为基础、知识讲授为特征、效率不高的幼儿园教师职后培训具有非常重要的借鉴意义。

一、问题式学习课程对教师的期望

  幼儿园问题式学习课程是幼儿在教师的引导下,通过解决日常生活与游戏中遇到的真实、复杂、有意义的问题,学习隐含在问题背后的知识、经验和技能,同时发展自主学习和解决问题的能力的一种课程模式。该课程模式强调以幼儿为中心和基于问题的学习。幼儿是课程的出发点和落脚点,问题是幼儿学习的契机,以上两大基本原则在课程中具体表现为课程的整体性、生成性、生活性、游戏性、挑战性、主动性等特点,课程重视幼儿学习品质与素养,发展幼儿主动学习与终身学习的态度与能力,这与传统幼儿园分科课程相比具有本质区别。

  问题式学习课程的生成性对教师提出了更高的要求。第一,生成性需要教师熟知生成的价值,成为课程建设的主动思考者和行动者,心中有生成活动的意识,和幼儿

[①]王春燕:《中国学前课程百年发展与变革的历史研究》,前言第2页,北京,教育科学出版社,2004。

一起成为积极的问题发现者和投入的问题解决者，具备信息素养、交流合作等问题解决素质。第二，教师要熟练掌握课程知识，了解幼儿学习与发展特点、问题式学习课程各要素等内容，清楚课程内涵，重视幼儿的游戏、生活和整体发展，具备生成课程的专业能力，教师不仅是课程实施者，同时也是课程的设计者与开发者。第三，问题式学习活动聚焦于幼儿能力、态度与品质的发展。

幼儿观与学习观的变革带来了教师角色和师幼关系的变化，教师不再是纯粹的知识和文化的传授者。为了幼儿的优质学习与发展，教育对教师角色的多元性需求变得迫切，师幼关系的转变也随之发生。教师的角色并不是一成不变的，多元化的角色也并不意味着在同一时间发挥作用。教师角色是动态变化的，根据实践情况不断调整自己的角色。

（一）教师是课程设计者

问题式学习课程的生成性意味着课程没有固定的教学计划，教师需要在观察幼儿的基础上生成活动、随时随地根据幼儿的需要调整教学。教师不再是按部就班地按照课程计划行动，而是要成为课程的设计者，根据幼儿当下的发展状况、兴趣和需要确定学习与发展目标，选择学习内容，通过适宜的师幼互动与学习环境、持续的观察评估支持幼儿。教师在问题式学习课程理念、目标下不断生成活动，丰富课程细节，使课程一直处于动态发展、完善的过程中。教师不再是上级制度规定的机械执行者，而是有思想的实践者，有发生的研究者，有创生能力的变革者。

（二）教师是幼儿学习环境的创设者

在问题式学习课程中，学习环境是幼儿学习的"无言的老师"。教师的教学很大一部分内容在学习环境中得以展现，幼儿在与环境的互动中发现问题，在环境中搜集信息、分享合作、解决问题，最终建构认识。教师需要根据幼儿的已有经验、当下需求与未来发展需求创设高质量的学习环境，为幼儿提供真实的、有挑战性的、开放的操作材料，为幼儿精心规划学习环境，预设高影响力问题，激发幼儿的学习动机，引发幼儿的问题式学习，并在环境中提供各类学习资源，支持幼儿自主学习解决问题。

（三）教师是幼儿活动的观察者

问题式学习课程强调"以幼儿为中心"的理念，幼儿在前，教师在后，教师只有通过对幼儿的兴趣不断的观察，才能够进入儿童的生活，才能知道他们要做什么，用什么教材才能使教师工作得最起劲，最有效果。[①]教师只有细心观察幼儿的活动，才能

[①] 参见[美]约翰·杜威：《学校与社会·明日之学校》，赵祥麟等译，北京，人民教育出版社，2005。

了解幼儿的兴趣与已有经验，确定幼儿当前水平及最近发展区，才能在幼儿问题解决过程中给予最适宜的支持。

（四）教师是幼儿游戏的参与者与合作者

问题式学习课程充分重视幼儿游戏的价值，教师只有真正参与到幼儿的游戏中，成为幼儿的游戏伙伴，将教师的经验与幼儿的经验交织在一起，教师才能真正走进幼儿的心里。当教师成了幼儿的游戏伙伴以及问题解决的合作者，可以暂时隐去其教师的身份，以同伴的角色与幼儿交往，在与幼儿平等互动中深入了解幼儿的需求，并以游戏伙伴的活动方式，与幼儿协商解决问题，以更灵活的方式参与到幼儿的问题式学习中。

（五）教师是幼儿问题式学习的支持者与引导者

教师在尊重幼儿学习主体地位的基础上，在细心观察幼儿的前提下，选择适宜的时机，以适宜的方式，不断支持幼儿在最近发展区内的经验生长，引导幼儿主动、自发、合作学习。

二、教师发展现状与问题

幼儿园教师不只是"带孩子的人"，而且是需要具备各项基本能力与素质的专业人员。没有教师的高质量发展，就没有幼儿园课程的高水平实施，更没有幼儿的全面发展，这已成为学前教育界人士的共识。[1]然而，目前教师发展仍然存在着诸多的问题，在当前教师发展的背景下，问题式学习课程对教师的期望也难以实现。

（一）幼儿园教师准入门槛低，基础薄弱

尽管幼儿园教师的专业性获得了法律层面的明确，但现实中幼儿园教师地位与职业的专业性仍不匹配，对幼儿园教师职务的重要价值及履行该职务能力水平的肯定不足，评判幼儿园教师职业的专业性仍旧依靠学科性知识量化的掌握程度，认为越是教育的早期阶段，教师的专业性越低，可替代性越强。[2]幼儿园教师长期面临着两种处境，一方面，经常被严重轻视，被视为"看孩子"的人，任何人都可以做；另一方面，在实际工作中要求很高，几乎是个全面手。这种极大的落差只存在于幼儿园教师身上，其他阶段的教师似乎长期以来都有专业化的要求。幼儿园教师的专业程度一直被

① 庞丽娟主编：《中国教育改革30年　学前教育卷》，第226页，北京，北京师范大学出版社，2009。
② 丁海东：《幼儿园教师职业的专业性及其发生根基》，载《学前教育研究》，2015（11）。

人所诟病，先是幼儿园教师从业者来源多样，长时期以来对幼儿园教师也没有专业要求，各种年龄、各种学历、各种专业的人都可以从事学前教育工作。[1]幼儿园教师准入门槛低。

幼儿园教师培养层次偏低，培养机构多、规模大但不强。中、大专层次院校及其培养规模仍占主体地位。幼儿园教师作为全科型教师，不仅要了解儿童发展、教育教学等专业知识，同时对各科知识也需要有所了解，但是当前教师表现为教育教学知识和通识性知识掌握均不足，大部分教师不了解幼儿学习与发展特点，对数学、科学、艺术等领域幼儿学习特点及学科知识特点了解不深，导致在实践中难以抓住学习契机，有效支持幼儿。

（二）职前培养与职后需求不匹配，教师专业能力欠缺

《幼儿园教师专业标准（试行）》中明确指出了幼儿教师应该具备的专业理念与师德、专业知识和专业能力。在问题式学习课程中，对教师理解问题式学习课程架构、问题式学习课程设计与实施能力的期望与幼儿园教师专业标准相通。教师要树立科学的儿童观、学习观与教学观，理解并实践问题式学习课程各要素，掌握幼儿学习与发展目标及学习内容。此外，教师还需创设优质的问题式学习环境，有效组织实施一日生活，进行高质量的师幼互动，开展教育教学活动。同时，教师应对幼儿的学习与发展进行全面且专业的观察与评价。这些是教师实践问题式学习课程的基础要求。

学前教育师资的培养质量依托于高质量的培养课程和完善的实践体系，但当前很多学校职前培养过程中课程体系还不能根据现实需要和发展需求进行优化和有效整合。在一些专科院校，课程内容相对陈旧，没有将最新的研究成果融入课程建设；在教学形式上拘泥守旧，对学生的培养聚焦于艺术技能，没有足够重视教师教育理念、教育技能的培养。[2]在一些本科院校，学前教育专业的师范性和学术性之争也成为职前培养与职后需求不匹配的表现。部分高校课程设置中还存在重专业理论知识、轻职业化能力培养的倾向，[3]对学生适应工作和开展实践缺少支持和引导，很多学前教育专业学生只有脑海里想象的孩子与教育，没能充分了解真实的教育现场和实践。我国高校本科学前教师教育课程设置尚存在培养目标宽泛，缺乏可操作性，部分课程模块设置核心不明，课程内容未能很好关照实践需求等问题。[4]

① 杨文：《幼儿园教师专业化的特点、困境及解决策略》，载《学前教育研究》，2015（7）。
② 张文军、管钰嫦：《幼儿园教师职前培养现状及其改革策略》，载《学前教育研究》，2019（8）。
③ 王杨、侯伟新：《新时代幼儿教师职业能力职前培养研究与实践》，载《长春师范大学学报》，2020，39（5）。
④ 刘天娥：《高校本科学前教师教育课程设置的研究》，博士学位论文，华中师范大学，2015。

职前培养未能充分发挥其价值，职前培养的目标、内容、形式等与职后需求不匹配。教师从学校进入职场，进入教学现场后仍表现出专业能力欠缺，难以适应工作的要求。如大部分教师都知道幼儿园的课程理念，但在实践中却常常表现出与课程理念不符的行为。教师在设计教学活动时，未能有意识地将幼儿学习与发展目标融入教育教学活动中，更关注知识经验目标，忽略态度和能力的培养。设计问题式学习活动时，不知道怎么确定活动中幼儿学习与发展的目标，不知道如何制订学年班级幼儿学习与发展计划，这是教师对幼儿学习与发展目标理解不到位造成的。当教师追随幼儿的兴趣开展活动时，有时会难以把握适宜的学习内容，导致活动有形式、无内容，内容难度过高或过低……课程理念层面对儿童个性多样化的尊重与课程实践中对儿童个性的忽视与否定，课程理念层面对游戏愉悦、享乐的本体价值的认识与课程实践中游戏的异化；课程理念层面注重幼儿园物质、精神环境的创设与课程实践中精神环境的贫乏。[①]幼儿教育所倡导的各种旨在解决现实问题的正确理念，却没法变成正确的实践，许多理应如此的事，却无法真正如此。我们选择做正确的事，却不能正确地去做。教师专业能力缺乏使得课程落地成为一句空话。

（三）幼儿园职后培训支持力度弱，难以满足教师专业发展诉求

幼儿园教师专业发展是一个持续的过程，要在职后工作和学习中不断实现，然而现实中幼儿园教师的专业发展表现出很强的被动性，具体表现在三个方面：功利性强，专业发展流于形式；迫于外在压力无奈接受，为"发展"而"发展"；参加专业发展活动缺乏针对性。[②]我国的幼儿教师的共性问题主要在于专业知识底子薄、专业素养不深厚、科研水平低，这些都需要通过教师研训进行加强。[③]幼儿园职后培训是促进教师专业发展的重要途径，然而职后培训对教师专业发展的支持力度不足，在培训目标、内容、形式、评价等各方面都难以与教师专业发展需求对接，如在研训内容方面，存在以理论传授为主、忽视实践、缺乏针对性等问题，不能满足教师实际培训需求。培训形式基本都是自上而下的，主要以教师集中统一培训为主，多使用授课式、报告式、讲座式，教师处于被动学习地位，参与性不强。教师在培训过程中的角色是"客人"，缺少主人翁精神，常常都是被动地接受培训内容，被动地进行学习，无法激发出其学习的主动性、创造性，不能支持教师形成学习与实践共同体，教师缺乏合作意识与能力，难以发挥集体智慧。在研训目标方面，教师研训忽视了教师专业成长的连续性和阶段性，以短期目标为主，研训内容缺乏整合性、系统性与层次

---

① 王春燕：《中国学前课程百年发展与变革的历史研究》，252页，北京，教育科学出版社，2004。
② 冯艳芬：《幼儿教师专业自主发展的实践路径探索》，载《基础教育研究》，2017（7）。
③ 邓泽军：《我国幼儿教师专业化问题与建议》，载《学前教育研究》，2007（11）。

性；职后培训内容与教师实际需求有差距，[1]培训内容单一，缺乏针对性。幼儿园教师参加的培训基本都是全园性或者大班式的统一培训，针对不同教龄、不同专业背景的教师进行有针对性的培训较少[2]。以上种种问题导致职后培训难以满足教师专业发展诉求。

（四）教师终身学习素养不足，难以满足时代发展期望

人类的科学知识总量，在19世纪时每50年增加1倍，20世纪初期每30年增加1倍，20世纪50年代则是每10年增加1倍，20世纪70年代是每5年增加1倍，20世纪80年代是每3年增加1倍，20世纪90年代以后则增加得更快。[3]知识在不断地迭代扩展，学习知识的速度跟不上知识增加的速度，学习知识的能力比掌握知识的数量重要得多。教育的真谛不但是使新生一代适应当前的环境，还要养成他们继续不停地适应那向着未来而迅速发展的广大世界和日新月异的民主社会。我们希望教师培养怎样的孩子，就应该培养怎样的教师，由此对于教师专业能力之外素养的关注已成为教师教育的一大趋势，美国在《21世纪预备教师的知识与技能》中指出：未来教师不仅要具备创新能力……教师素养还应包括对技术的应用能力，便于开展新的教学模式，更重要的还能够理解学科知识、专业知识与技术知识之间的关系问题。[4]欧盟在2005年公布了《欧洲教师素养及资格的共同标准》，将教师需要具备的核心素养分为三类：与他人协作的素养，运用知识、技术和信息的素养，在社会中工作并与社会相处的素养。随后在2011年和2013年分别发表研究报告《教师核心素养：需求与发展》《为更好的学习结果，支持教师素养发展》，从知识、技能与情感态度三个维度具体阐释教师的核心素养。这三份文件在阐释教师核心素养时都保持一致的理念，即基于教师的终身学习理念。教师不是只需要专业发展的局域人，而是要不断自觉提升德行才智的发展者，教师要在教育生活实践中，自觉、持续地从人的多方面发展自我完善。[5]

然而现实中大部分幼儿园教师缺少终身学习的素养，如主动学习的态度，教师内在学习动机比较低，通常是完成任务式地开展教育教学工作，部分教师出现了职业倦怠，主动学习的积极性低。此外，在交流合作方面，大部分教师在工作中各自为政，没有合作意识，分享合作仅在小范围内产生，一个班的教师或者关系比较好的教师才

---

[1] 侯建平：《人本主义理论视角下幼儿园教师职后培训问题分析》，载《吕梁学院学报》，2012（5）。
[2] 农丽华：《幼儿园教师职后培训存在的主要问题及对策——以广西南宁市为例》，载《黑河学刊》，2015（3）。
[3] 朱永新：《未来学校：重新定义教育》，115页，北京，中信出版社，2019。
[4] 王美君、顾銮斋：《论国际视野中的教师核心素养》，载《天津师范大学学报（社会科学版）》，2018（1）。
[5] 叶澜：《"新基础教育"内生力的深度解读》，载《人民教育》，2016（Z1）。

会主动交流合作，尚未形成全园教师的学习共同体。此外，教师合作效率也比较低，合作并没产生1+1＞2的效果，教师合作技能有待提升。教师问题意识不强，不能敏感觉察教育实践中有价值的问题，还有教师对问题视而不见或绕路而行，问题解决动机不强，此外，大部分教师在解决问题的过程中多基于已有经验，或通过咨询同事、年级长解决问题，对其他信息资源利用率极低。幼儿园教师以任务导向型反思的表现居多，工作要求教师需要对教育教学进行反思时，教师会进行反思，但是自主反思较少，部分教师会进行反思，但是反思比较零散、不够系统，散见于同事对话与个人头脑中，没有及时在反思中梳理提升个人经验。教师信息素养不高，特别是在信息技术的运用、信息敏感度、信息评价与筛选、运用信息解决问题等方面比较欠缺，有很大的提升空间。以上提到的内在学习动机、沟通合作能力、反思能力、信息素养、问题解决能力等都是终身学习素养的重要组成部分，教师终身学习素养不足，尚未养成终身学习的态度与能力，难以适应社会飞速发展对新时代人才的期望，也难以达到越来越高的学前教育质量要求。

三、问题式学习对教师的价值

问题式学习的特点和优势契合了教师研训的需求，对改造传统以理论为基础、以知识讲授为特征、效率不高的幼儿园教师职后培训具有非常重要的借鉴意义。

（一）有助于教师理解课程，提升课程设计与实施能力

问题式学习强调基于真实的问题的学习，问题源于具体的工作情境，与课程架构、各要素及课程实践密切相关。在研训过程中，教师可能会树立科学的儿童观、学习观与教学观，理解并实践课程各要素，掌握幼儿学习与发展目标及学习内容，创设优质的问题式学习环境，有效组织实施一日生活，进行高质量的师幼互动，开展教育教学活动，对幼儿的学习与发展能够进行全面且专业的观察评价……这些是教师设计和实施课程的基础。

问题式学习有助于学习者发展内在的学习动机，提高信息素养、交流沟通与团队合作能力，问题解决能力得到进一步提升，这与问题式学习课程对幼儿学习与发展的期望不谋而合，如果将其运用到教师研训中，可以从根本上改变教师的思维方式和学习方式，在研训过程中深刻体会和把握问题式学习课程的本质与内核，而不仅仅只是对课程知识的掌握，助益问题式学习课程理念更好地落地。

问题式学习模式尊重学习者的个体差异，充分发挥学习者的集体智慧，研究共同体的构建是教师研训的关键之一，具有不同背景、经验、才能和观点的成员构成的研

究共同体对教学问题进行共同探讨和决策，促使教师从更多的角度去思考问题。[①]问题式学习强调学习者的合作学习，致力构建学习共同体，如果运用在教师研训中，对于不同发展阶段、不同经验水平的教师理解、掌握、实施和设计课程具有重要的价值与意义。

1. 理解并实践课程理念

实施问题式学习课程，需要教师对课程理念有完整而清晰的认识，并在一日生活中践行这一课程理念。由于儿童观、学习观、教育观都属于观念性层面，且较为抽象，而化作教师本能的教育行为，在一日师幼互动中随时秉持这一理念，对教师而言依然是个不小的挑战。问题式学习可以帮助教师在实践中发现问题，在认识问题、分析问题的过程中反思教师行为背后的理念，从实践到理念逐步深入，最后在实践和解决问题的过程中实现从理念到实践，使教师真正理解并实践课程理念。

2. 掌握课程目标

问题式学习课程目标回答了问题式学习课程要培养什么样的人，要着重培养幼儿哪些方面的能力这一关键问题，是课程的指南针，指引着教学的方向，教师必须掌握并将其渗透在实践中，支持幼儿实现学习与发展目标。问题式学习既可以通过系统、深入地研训帮助教师在自主学习、信息搜集、集中研训的过程中理解学习与发展目标的内涵，又能通过认识问题、解决问题的循环帮助教师通过评价了解幼儿的发展，真正将学习与发展目标落到师幼互动与环境创设中，支持每一个幼儿在原有水平上实现成长。

3. 理解课程内容

问题式学习课程具有较强的生成性，需要教师在观察幼儿、了解幼儿兴趣的基础上生成活动，支持和发展幼儿的兴趣，这不仅意味着教师需要观察幼儿，同时意味着教师要了解"什么是有价值且符合幼儿当下学习兴趣、发展特点的学习内容"，这要求教师心中要对课程内容有系统的了解，并能在一日活动中灵活渗透学习内容。教师不是学科知识的简单传递者，而是学科知识的重要激活者，让学习内容内在的生命能量呈现出来。[②]通过问题式学习开展系统的课程内容研训，可以帮助教师通过自主学习、参与式培训等方式全面理解课程内容的内涵和使用原则。

4. 创设问题式学习环境

在问题式学习课程中，环境是"无言的教师"。幼儿在环境中生活和学习，在真实的问题情境中发现问题、解决问题，在与周围环境的互动中进行自我建构与社会建

---

① 张婕、朱家雄：《研究共同体的构建是园本教研的关键》，载《幼儿教育》，2005（17）。
② 叶澜：《"新基础教育"内生力的深度解读》，载《人民教育》，2016（Z1）。

构。环境的质量影响幼儿认识建构的水平，因而学习环境对幼儿的学习和发展起着重要作用。需要教师观察幼儿行为，及时对环境进行优化调整，使之能够符合幼儿的兴趣和需要，创造一个可供幼儿探索、宽松而又愉悦的活动环境，投放适宜、丰富的材料激发幼儿操作、实验、制作、探索，让孩子们构建相关的知识经验，体验区域活动的乐趣。问题式学习有助于教师敏感地发现学习环境中的问题，理解问题式学习环境八要素，了解时间安排与空间设置的原则并在实践中不断改善学习环境。

5. 设计实施问题式学习活动

问题式学习活动是落实课程目标，实现幼儿全面发展的重要形式，以幼儿为中心的理念要求教师跟随幼儿的兴趣发现有价值的学习内容，生成问题式学习活动，基于问题的学习要求教师支持孩子在发现问题、解决问题和对问题的反思中学习，这要求教师具备观察—评价—回应的基本能力，深刻领悟问题和问题解决对个体发展的价值，能够通过高质量的师幼互动和学习环境创设帮助儿童在问题式学习活动中实现发展。问题式学习的核心就是问题，将问题式学习运用到教师研训中，有助于发展教师的问题意识和对问题价值的深刻理解与重视，教师在问题式学习中亲身经历发现问题、解决问题和反思问题的过程，更能领悟问题对学习者成长的价值；问题式学习的过程是以学习者为中心，重视学习者的自主学习、合作学习和反思能力，这些都有助于教师在开展幼儿问题式学习活动时把握核心，真正落实问题式学习课程对幼儿好奇心、交流沟通、团队合作、问题解决、元认知等能力的培养与发展。

6. 开展幼儿观察与评价

幼儿观察评价是检验课程效果、幼儿学习与发展现状、支持幼儿持续发展的依据，教师要明确问题式学习课程中的观察评价是真实性的、过程性的、多元主体的、发展性的评价，在时间和空间上都有延续性，评价的场景是幼儿真实的游戏和活动情境，评价的目的是支持幼儿的学习与发展，评价的方式是通过多种方式观察记录幼儿……问题式学习有助于帮助教师感受到真实的价值和力量，发展教师的成长型思维，更深刻体悟真实性、过程性和发展性评价的价值；问题式学习中持续支持教师开展自我评价与反思，发展教师的反思能力，教师更能够理解幼儿进行自评和同伴评价的价值，更好地支持幼儿进行自评和同伴互评。问题式学习过程中，教师有看得见的成长，教师更能帮助幼儿看见自己的成长，并通过学习档案等方式记录幼儿持续的、看得见的成长。

（二）有助于发展教师终身学习态度与能力

有学者将问题式学习的几项重要目标概括为：①构建广泛而灵活的知识基础；②发展有效的问题解决技能；③发展自主学习、终身学习技能；④成为有效的合作者；

⑤获得学习的内在动机。　问题式学习最核心的理念在于引导学习者将学习态度由被动学习转为主动学习。问题式学习不是专注于传统的单向、单调、单元的"教授"，而是强调学习者主动、互动、平等地学习。问题式学习建立以学习者为中心的学习平台；重视学习的过程而不是重视学习内容的多少；以情境化的案例作为学习导向，而不是以制度化的教科书及讲义作为教学依据；以小组讨论作为学习的主要模式，摒弃单一大课讲授的传统授课模式。因此，问题式学习能够自主整合多层多元的知识结构，达到对教师全人教育和终身学习的目的。

问题式学习不再预先设定教师必须学习的知识专题，转而关注教师面对的现实情景和实际问题，强调以教师在实践领域遇到的真实的、有意义的、具有高影响力的问题为研训的起点，使研训能够对接教师的真实需求。在这个过程中，教师不仅可以学到专业知识与能力，还可以锻炼自主学习、合作学习、交流沟通、信息素养、反思能力等学习素养，这些学习素养可以支持教师解决日常生活中遇到的其他问题，真正成为一个终身学习者。

1. 激发内在的学习动机

学习动机是一种内部动力，激励和引导学习者进行学习，内部动机比外部动机更能激发教师的自主学习。教师能够主动根据自己的需求开展学习活动，制订学习计划。受学习者兴趣、需求、价值观、能力、归因所影响，教师的学习动机直接影响教师的学习现状。在问题式学习的过程中，问题成为促成教师学习动机的"激发器"，教师逐渐激发出内部学习动机，养成自主学习的习惯，成为终身学习者。这是因为其一，问题式学习中的问题，通常都是真实的问题。情境学习理论认为，最有效的学习是产生于真实的、有意义情境中的学习。其二，问题式学习中的问题是以前后关联的方式予以描述，与教师的已有经验密切相连。真实的情境越接近于学习者的经验世界，越能够激发学习者的学习兴趣和学习动机。在真实的情境里学习，学习者才能真正了解知识的意义和价值，思考蕴含多种观点的案例或问题，促成了知识的传递。其三，问题式学习采取小组合作的学习方式，不同个性的教师组成学习小组，各自承担任务，对问题解决负有责任。他们在学习中也都有发言和展示的机会，一定程度上能够激励小组成员积极地去收集分享信息，贡献策略。因此，问题式学习是以问题为导向的、能够激发教师学习动机的学习模式，帮助教师持续保持内在的学习动机，教师成为解决问题的中心。

问题式学习研训内容是教师想要学习的内容，也体现在教师在过程中的主动参与，积极思考，教师是主动的研究者和实践者，他们全身心投入与参与，而不仅仅是脖子以上的学习。主动的学习还体现在通过各种精心的设计激发教师学习的内驱力，发展教师自主学习和主动学习的能力。

2. 提高交流合作能力

有效的合作与沟通技能希望教师积极主动参与合作，耐心倾听他人发言，能够运用语言、文字等多种媒介进行信息传递、思想交流，借助团队的智慧解决问题，团队中的成员拥有开放的心态聆听他人观点，能够换位思考，尊重和包容他人；成员善于进行团队合作，及时交流合作进展。积极的群体合作能最有效地形成整体力量，发挥个体的最大潜能，进行合作者之间的知识、能力互补，情感的相互激励，从而使复杂的问题在团队的共同努力下得以解决。

在问题式学习中，鼓励教师形成学习小组，学习小组有着共同的目标，教师各自的经验知识又不相同，因问题的复杂性还需要通过合作学习来完成任务，无形中逐渐激发教师合作学习的倾向，并养成合作学习的习惯。在小组合作学习的过程中，教师要努力调整心态，用开放的心态聆听他人观点，进行换位思考，尊重和包容他人，及时交流合作学习的进展，培养交流和合作的技能，以及团队工作的精神和能力。教师之间的讨论和争论有利于高级思维能力的发展，多角度地思考问题，在对问题的研讨中重构了新的知识结构。为了提升教师的交流和合作技能，问题式学习园本研训中会根据教师在交流和合作中出现的问题进行专题研训，如工具的使用、合作的技巧等，基于实际问题，切实提高教师专业能力。

问题式学习是一种参与式的培训，在参与式教师培训中，教师之间的合作学习是最主要的形式，有利于受训教师了解其他教师和教育行政管理人员（当他们与教师一起培训时）的看法和所关心的问题，同时也使上级有机会倾听下级的声音和要求，使教师的不同意见相互交流，产生思想上的火花，生成新的知识。教师不再盲目地相信知识权威，而是通过自己的思考和与同行的交流选择形成对自己有意义的知识。

3. 发展问题解决能力

问题解决能力是指教师能够正视教育实践中出现的纷繁复杂的问题，对问题进行理性分析，并尝试用多种方法解决问题。问题式学习的核心目的是解决教师在日常保教过程中遇到的问题和困难，进而提高教育质量。在问题式学习中，教师作为解决问题的主体，在促进者的引导下，像专家一样解决问题，经历了分析问题、提出假设、搜集资料、验证假设以及评价结果的整个过程。问题式学习中，问题来自教师真实的教育实践，教师在真实的情境中展开研训活动，在真实的工作情境中验证研训的有效性。此外，问题式学习帮助教师发现真问题，问题是真实的、复杂的、有价值的真问题，在解决问题的过程中运用的知识、能力和思维方式是可以迁移到真实的情境中去的，而不是想象、虚构出来的假问题。在这个过程中，教师需要对已有的事实进行质疑评价，确定学习的内容，进行运用和评估，也需要与导师、同伴等进行对话和辩论。在这种批判性的自我沟通和与他人的沟通中，在不断地提出假设和验证假设的过程中，学习者的创造性思维、批判性思维和元认知思维等高层次思维得到了发展。[①]

4. 培养反思能力

波斯纳提出了教师成长的公式：成长=经验+反思。教师需要通过教育教学实践积累经验，并且在实践中不断反思，才能促进教育教学实践的进一步发展。反思不仅是个人的反思，还有教师高质量的互动、对话与合作。[②]反思型教师，是在先进的教育理论指导下，自觉地积极主动地分析教育情境和教育过程，监控和调节自我的教育理念和教育行为，进而实现自我的不断发展。教师有结合自身的经历、借鉴他人的智慧和经验来丰富与完善自我的意识，有对教学实践、教育理念等进行批判和改进的意愿。[③]在教师研训中，研训者要积极促进教师的反思，帮助教师培养反思的倾向与能力。让每一个教师都愿意反思、乐于反思并且有能力反思。问题式学习中，不仅反思教师意识，还会反思教师的教育实践、教师师风师德，教师教育知识与能力，以及教师专业知识。例如，在教育理论和课程理念的研讨中，开展了儿童观、学习观、以幼儿为中心等的相关主题研训。教师在研训过程中系统梳理自己所掌握的理论与理念，并反思自己的教育观、学习观、儿童观，通过观摩课、评课反思自己是否在实践活动中始终遵循以幼儿为中心，尊重幼儿的主体地位，结合自我评价和他人评价改进教育理念和教育实践，客观公正地评价其他教师，提出更加优化的问题解决方案，逐步发展批判性思维，成为反思型教师。

5. 提升信息素养

信息素养是指教师能够有效地搜集、获取、筛选和运用信息解决问题。教师要能够运用各种媒介来向学生传递不断更新的信息和知识，教师要有信息意识、信息需求，有信息获取能力，能对信息进行评价和筛选，有信息整合能力，能对信息进行组织、管理与交流，运用信息解决问题，并具有良好的信息道德。

问题式学习注重教师自主学习，支持教师通过搜集信息、筛选信息、运用信息解决问题，过程中教师要学习如何搜集、评价、筛选、运用信息，自然有助于提升教师的信息素养，发展教师敏感的信息意识。问题式学习研训过程中，教师需要通过各种方式进行合作分享，教师要学习如何运用信息技术进行分享合作。此外，还可以借助问题式学习开展信息素养专题培训，通过系统的学习提升教师信息素养。

6. 形成广泛而灵活的知识基础

幼儿园教师作为"全科型"教师，在面对幼儿的跨领域综合学习时，需要有广泛而灵活的知识基础，既要有关于儿童发展、教育教学相关的专业知识，也要有各学科

---

① 张建伟：《基于问题式学习》，载《教育研究与实验》，2000（3）。
② 俞芳：《信息技术支持下的幼儿教师专业发展研究》，硕士学位论文，华东师范大学，2015。
③ 周思勇：《幼儿教师培训需要唤醒幼儿教师的自我教育意识》，载《教育导刊（下半月）》，2012（10）。

的通识性知识，这些知识不是通过死记硬背获得的，而是教师在长期的学习过程中内化，并能在具体的教育情境中灵活迁移与运用。

问题式学习开展了教师教育知识、课程要素和实施要点、幼儿发展目标和学习内容的专题学习与讨论，丰富和提升了教师的专业理论知识。此外，问题式学习中的问题解决过程，因问题的真实性、多样性和复杂性，教师不能只专注于某一领域的知识，而要扩大视野，打破学科和领域之间的界限，不断丰富自己的知识基础，灵活运用各种信息技术和信息资源，从中筛选出关键信息，通过组织和运用建构新的知识，通过对知识的理解和运用，教师能够对知识进行灵活地迁移与运用。问题式学习帮助教师不仅具备专业的教育学知识，还具有超越教育学的多元文化知识，并能够灵活运用课程，具有较高的研究能力。

第二章 问题式学习教师研训模式内涵与实践路径

为了打破现状，让幼儿园教师研训发挥其应有的价值，使期望成为现实，研究者通过行动研究展开对与问题式学习课程相匹配的研训模式的求索。研究者借鉴参考已有的成功案例，选择斯坦福大学问题式学习校长培训模式作为蓝本，在此基础上通过多轮行动研究进行修订，最终形成适合幼儿园教师的问题式教师研训模式。问题式学习教师研训模式是一种参与式和体验式的研训，体现了建构主义的理念，将研训学习放置在复杂的、真实的问题情境中，让教师在合作学习中解决真实问题，从而提升教师专业素养，构建灵活的知识基础，发展有效的问题解决技能，养成自主学习的习惯，成为有效的合作者和终身学习者。此外，问题式学习教师研训模式还推动课程理论和实践不断深入和创新，与儿童发展和谐共生。为保障问题式学习教师研训模式的有效应用和广泛推广，幼儿园要重视其影响因素，如时间、场地、硬件软件等条件，更要分析其保障条件，帮助问题式学习教师研训顺利开展。

一、问题式学习教师研训模式的内涵与环节

与传统的教师研训模式相比，幼儿园问题式学习教师研训模式不再预先设定教师必需学习的知识专题，转而关注教师面对的现实情景和实际问题，强调以教师在实践领域遇到的真实的、有意义的、具有高影响力的问题为研训的起点，使研训能够对接教师的真实需求。当研训内容与真实问题相关时，教师往往能够调动内在动机，积极主动地投入学习，取得良好的学习效果。参与研训后，教师可及时将学习成果应用于实践，解决实践中的问题。可见，教师在问题式研训中发生的学习是有意义的学习，通过问题式研训获得的知识与能力是灵活的、可迁移的。

在问题式学习教师研训中，教师处于主动建构的主体地位，他们作为自主学习者和研究者主动参与"自我教育"的过程中，包括自我激励和监控、设置学习目标、自主学习、应用新知识、自我反思等。在这个过程中，教师不仅可以学到专业知识与培养能力，还可以锻炼自主学习、合作学习、交流沟通、信息素养、元认知等学习素养，这些学习素养可以支持教师解决日常生活中遇到的其他问题，实现专业自主发展

和终身学习。

　　幼儿园问题式学习教师研训模式（见图2-1）主要包括确定问题、开发研训方案、实施研训方案、评价四个环节。

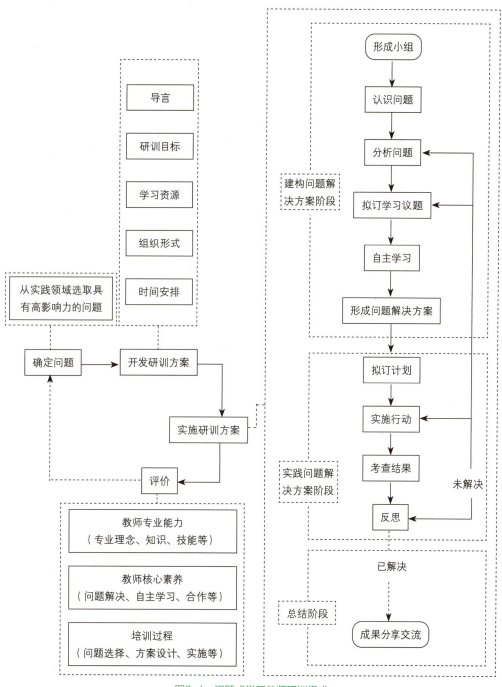

图2-1　问题式学习教师研训模式

（一）确定问题

问题式学习的基本理念是以问题为学习的起点和中心，一个好的问题能够吸引教师围绕问题有目的、有针对性地开展学习。因此，确定问题是问题式研训的第一个环节，也是非常重要的环节。在确定问题时，组织者应努力寻找一个具有高影响力的问题，即在较长时期内对大多数教师都有影响的问题。高影响力问题应来源于教师的实践，是大多数教师在实践中面临的真实问题，解决该问题对大多数教师具有实际的意义。这样的问题能够激发教师的内在学习动机，驱动教师在研训活动中主动思考和学习。一个好的问题应具备以下特征：①问题必须能引出与幼儿园教师专业领域相关的知识。在确定问题时，要具体考虑研训目标以及教师已有的知识和经验。②问题应该是真实的，来源于教师的实践工作，能够结合教师的已有经验，激发教师探索和学习的动力。③问题应是开放的，包含若干子问题，具有较大的探究空间。

> **例**

在"积木区环境创设与游戏指导"研训案例中，问题源于教师的教育实践，积木是幼儿很喜欢的一种游戏材料，它的开放性、灵活性和多样性使它能够支持不同年龄段幼儿的学习，实现多领域的教育功能。

然而，教师发现，幼儿在积木区大多数时候并没有出现所期望的高水平的搭建和问题解决活动，"常常拿着小动物玩角色扮演""在积木区不玩积木，喜欢玩辅助材料""每天搭的东西都很相似""满足于搭建简单的结构，不愿意尝试复杂的""都说积木区可以蕴含多个领域的学习，可是我不知道该怎么引导和支持幼儿"。教师应该为幼儿提供怎样的操作环境和操作材料才能支持幼儿经验的获得？应该如何指导才能在尊重幼儿的基础上促进其经验的提升？这些问题是困扰教师的真实问题，也是对教师来说具有一定挑战性的问题，涉及丰富的专业知识和技能，具有重要的探究价值。因而此次行动研究的问题确定为"积木区环境创设与游戏指导"。

（二）开发研训方案

研训方案是组织者在研训开始前所做的一些思考，在问题式研训开展过程中，可根据教师学习的情况，及时调整方案，不必拘泥于执行原定方案。研训方案主要包括：导言、研训目标、学习资源、组织形式、时间安排等。

1. 导言

导言要向教师介绍此次研训方案的核心问题，说明该问题的重要性，解决该问题对教师的价值，以及整体介绍研训将会如何展开。

2. 研训目标

"研训目标"即教师通过研训所能获得的知识和技能。

3. 学习资源

"学习资源"指的是组织者为教师提供的自主学习资源。学习资源的类型常常是多样化的，包括书籍、文章、视频、图片、专家、线上课程等。在问题式研训中，除了组织者提供的学习资源，鼓励教师根据学习需要搜集更多的资源。

4. 组织形式

"组织形式"即组织者根据问题的类型，决定采用哪些形式组织教师开展研训活动。常用的组织形式有：自主阅读、分享讨论、小组研讨、现场观摩、专家指导等。

5. 时间安排

"时间安排"即组织者根据研训的内容规划研训所需的时间，包括整体持续时间，以及每一部分所需的时间。时间安排是培训方案中很重要的一个部分，它为培训导师和参训者安排培训与学习进度提供了依据，能够保证在计划的时间范围内，一步步有条不紊地实现既定的培训目标。

例

积木区环境创设案例中，确定问题后，组织者开发了研训方案。

1. 教师学习目标

● 了解3~6岁幼儿积木游戏的发展线索。

● 掌握积木区的核心经验。

● 能够选择适宜的积木区材料。

● 能够观察与分析积木区幼儿游戏发展水平，进行个性化指导。

2. 教师学习资源

组织者通过网络搜集、购买了一批与积木区环境创设与指导相关的书籍供教师自主学习时使用，如《点燃孩子的创意火花》，同时将信息搜集的途径提供给教师，支持教师结合自身学习需要自主搜集信息资源。

3. 研训形式

以一个问题情境启动，请教师思考：如果你有一所新的幼儿园，你会如何创设积木区游戏环境？教师通过搜集信息、自主学习、小组讨论、交流分享、现场观摩、与专家对话等多种方式展开问题探究。

4. 时间安排

此次关于积木区环境创设与指导的行动研究计划持续3个月，第一个月主要进行自主学习和小组合作学习，建构问题解决方案；第二个月和第三个月在班级实施问题解决方案，观察效果，对方案做出微调，最后进行评价和反思。

5. 引导性问题

（1）影响幼儿建构游戏开展的因素有哪些？

（2）在一所新园需要考虑的建构游戏场地有哪些？

（3）如何创设好的建构游戏环境？

（4）新园整体考虑建构游戏环境创设对于幼儿发展的意义是什么？

（三）实施研训方案

研训方案确定以后，正式进入实施研训方案环节。教师是问题式研训的主体，他们将充分发挥主观能动性，围绕问题开展多样化的自主学习，构建解决问题的策略，并在实践中检验策略的有效性。问题式研训的开展包括三个阶段：建构问题解决方案阶段、实施问题解决方案阶段、总结阶段。在实际的研训过程中，这三个阶段往往不是一个直线式的流程，由于真实问题具有复杂性，教师常常会在实施问题解决方案阶段发现当前建构的解决方案并不能真正有效地解决实际问题，需要通过再次学习建构新的方案，如此循环往复，直至问题解决。

1. 建构问题解决方案阶段

"建构问题解决方案"阶段教师的主要任务是针对问题开展学习，建构形成解决问题的方案，在这个过程中提升自主学习、团队合作、交流沟通、信息素养等能力。教师在形成学习小组后将经历以下过程：认识问题→分析问题→拟订学习议题→自主学习→形成问题解决方案。

（1）认识问题

认识问题是解决问题的前提。教师首先要了解研训的核心问题是什么，认识到实践中存在哪些亟待解决的具体问题。例如，研训的核心问题是环境创设，那么教师需要认识到当前环境创设存在的问题有哪些，如部分区域幼儿不感兴趣、区域材料的结构性过高、部分区域之间相互干扰等。

可以组织教师以小组为单位展开讨论，提出问题，认识问题。认识问题环节可以增强教师对问题的敏感度，提高教师发现问题的能力，从而有利于教师问题解决能力的发展。

> **例**

积木区环境创设案例中，组织者首先通过一个引导性问题引发教师的思考——假如我们即将新开一所幼儿园，如何在新园创设好的积木区游戏环境？

教师围绕这一问题展开了热烈的小组讨论，并用思维导图的形式记录和呈现了他们思考的成果。

（2）分析问题

由于问题是劣构的复杂性问题，问题的解决涉及多方面因素，因此教师在认识问题的基础上，需要进一步对问题进行分析，通过小组成员头脑风暴的形式，运用已有的知识和经验分析解决该问题需要从哪些方面进行考虑，形成若干子问题，再对子问题进行分析，形成更为具体的维度。

例

积木区环境创设案例中，各小组分享了他们的思考，组织者用电子思维导图将教师的想法进行了分类汇总，从"建构游戏对幼儿发展的意义""影响幼儿建构游戏开展的因素""幼儿园建构游戏环境创设需要考虑的场地因素""创设积木区游戏环境的策略"四个维度对问题进行了深入的分析。

（3）拟订学习议题

问题的复杂性使教师现有的知识和经验不能轻易解决问题。在解决问题的过程中，教师会逐渐发现，对有些知识掌握不够，或为了解决问题还需进一步学习某些知识，这些内容将成为学习议题。因此，为了弥补已有知识和经验所欠缺的内容，教师学习小组需要确定自主学习的目标，拟订学习议题。

例

积木区环境创设案例中，在分析问题的基础上，各小组分别展开讨论，将"积木区游戏环境创设与指导"问题分解成若干子问题，根据子问题确定了学习需要，拟订了学习议题，并制订了小组的学习计划。

（4）自主学习

明确学习议题之后，学习小组所有成员都需要承担某个学习议题，从图书馆和网络等多种渠道收集获取相关学习资源，分头进行自主学习。在这个过程中，组织者作为顾问的角色，可以根据教师的需要提供学习资源或获取渠道，以支持教师下一步进行全面而深入的自主学习。

自主学习有时需要开展多次，当学习效果不佳时须再次拟订学习议题，开展自主学习，直至能够建构问题解决方案。

例

　　积木区环境创设案例中，讨论结束后，依据小组制订的"合作学习行动计划"，各小组成员将分头针对各个问题开展自主学习，寻找解决策略。各小组根据拟订的学习议题，分别搜集多样化的资源开展自主学习，通过微信群的线上定期交流，分享学习收获和遇到的障碍，调整和完善学习议题。各学习小组首先派代表报告了各自找到的信息资源，以及小组成员自主学习与合作学习的成果。同时，教师也提出了在自主学习过程中遇到的一些问题，这些问题既有合作学习方面的问题，也有专业知识方面的问题（如积木区的辅助材料应该如何投放），还有信息素养方面的问题（如怎样搜集和筛选信息、如何澄清一个概念）。

（5）形成问题解决方案

　　教师完成自主学习后重新集合，首先报告各自找到的信息资源，并分享和讨论如何对所有信息进行筛选和整合。在这个过程中，教师不是简单地告诉别人自己学到了什么，而是要运用新学到的知识和理论重新分析问题，评价原有解决问题的设想。然后根据新的认识，重新考察问题，形成问题解决方案。各个学习小组分享本组的方案，接受组织者和其他小组的评价和质询，以促进组间的交流和成果的改进。

例

　　积木区环境创设案例中，经过一段时间的自主学习，教师完成了所有学习议题的学习，运用所学制订了"积木区环境创设与指导"问题解决方案。主要包括积木区环境创设、积木区师幼互动指导策略及积木区环境评价。

2. 实施问题解决方案阶段

　　幼儿园问题式研训模式的研训对象是幼儿园一线教师，研训的内容是教学实践中亟待解决的问题，因而教师在通过自主学习和研讨，形成问题解决方案以后，还需要将此方案应用于实际教学现场，才能真正考察问题是否解决。教师以小组合作的形式通过拟订计划、实施行动、考察结果、反思来真正解决问题。在这个过程中，可能发现问题未能解决，需要新一轮的行动，也可能发现知识上还有所欠缺，需要重新拟订学习议题进行学习，还可能发现实践的结果偏离了问题，需要重新分析问题，都可以经过多次循环，直到问题最终解决。

例

积木区环境创设案例中，幼儿教师遇到的问题是教育情境中的真实问题，具有很强的实践性，因此问题解决方案形成以后，需要在实践中接受检验。教师拟订了行动计划，在自己所在的班级实施了积木区环境创设与指导问题解决方案，观察记录问题解决方案的实际效果及存在的问题。

一个月后，教师分小组采用"实验班实践+现场观察+研讨"的研习形式，开展了研习活动。首先观察实验班实践"积木区环境创设与指导方案"的情况，利用先前编制的积木区观察评价表进行评价，随后展开小组研讨，评价实验班积木区的环境创设以及教师指导是否适宜，分析观察评价表的实用性和适宜性，提出修改、完善观察评价表的建议。

经过研讨，成员们根据实践情况对原问题解决方案进行了调整，增强了问题解决方案的操作性。同时修订了自编的积木区环境创设与指导观察评价表，完善了部分题项，丰富了评价形式（结构性指标与过程性描述相结合），使之更加方便实用。

3. 总结阶段

问题解决后，教师需要总结梳理学习成果，将解决问题过程中运用到的所有新旧知识进行重新建构，进行多种形式的成果反思、梳理和分享交流，包括文稿、讲座、活动观摩等，以确保教师掌握合作学习的成果。

同时，教师回顾学习过程，对自己的工作进行评价，并反思问题解决的过程，考虑当前问题与以前问题之间有什么联系，这个问题与其他问题有什么相似及相异之处。这种反思有助于教师概括并懂得如何适时运用新知识，以促进教师将解决这一教育实践问题的方法迁移到实践工作中，帮助教师掌握运用自主学习、合作等方式自主解决实践问题的方法，对发展教师高层次的思维技能非常重要。

例

积木区环境创设案例中，研训成员参加了实践与总结阶段分享交流暨专家指导会。该会议的目的是引导参训成员对整个问题式研训过程进行回顾，包括遇到了哪些问题，拟订了哪些学习议题，通过什么方式进行学习，形成了怎样的问题解决方案，如何在实践中运用和调整方案，解决问题的过程中感受如何，等等。

（四）评价

研训方案实施后，需要对研训效果和研训过程进行评价。由于问题式研训具有促进教师专业能力与学习素养提升的双重作用，因此研训评价包括评价教师专业能力的提升情况，以及教师学习素养的发展。

1. 教师专业能力的评价

教师专业能力的评价主要是评价与教师研训问题相关的教师专业理念、专业知识、专业技能等是否有所提升。例如，在学习环境创设研训后，须评价教师的环境创设能力是否有所提升，以及提升的程度如何。

2. 教师学习素养的发展

问题式研训是一种以教师为中心的研训方法，鼓励教师通过自主学习、合作学习解决问题，从而获得相关的知识技能。通过问题式研训，教师在获得专业知识与能力的同时，可以提高信息素养、自主学习、团队合作、问题解决、元认知、交流沟通等终身受益的学习素养。对教师学习素养的培养是问题式研训的重要目标之一。因此，在一段时期的问题式研训前后，组织者要对教师的学习素养进行测评，以评估教师在问题式研训中是否获得了学习素养的提升。由于学习素养的提升是一个逐步积累的过程，单次研训前后教师学习素养的提升可能不太明显，因此，可以不必每次研训都对教师的学习素养进行评价，半学期或一学期评价一次即可。

> **例**
>
> 积木区环境创设案例中，教师对研训过程的评价如下。
>
> "在问题式研训过程中，深刻感觉到提出问题是最重要的，有时甚至比解决一个问题更重要。在提取有用信息之后，提出一个主要问题和若干个次要问题，这就是抓主要矛盾，抓重点问题，才能更有效率地学习。"
>
> "我认为问题式研训模式中小组长的角色非常重要，引领着整个小组的研习方向和最终成果，但其中的滋味其他人却无法体会。建议在今后的培训活动中由成员轮流承担类似的组织工作任务，不仅锻炼个人能力，同时也能体会他人的不易，珍惜学习和交流的机会。"

二、问题式学习教师研训模式应用保障条件

基于问题的培训模式呈现出一种具有显著个人经验特征的现象，这是局外人很难

正确理解的。[①]作为一种培训模式，丰富完善的理论仍无法避免实践过程中的一些局限。但研究者相信，问题式学习教师研训模式所蕴含的巨大价值将使其有十分广阔的前景，是传统的教师研训所无法替代的。对于问题式教师研训模式，虽然并不存在任何一套标准的实施方案，但仍需要从保障条件上思考如何落实。

（一）科学有效的管理

1. 宽松的研讨氛围

宽松的研讨氛围是指在教师研训过程中，教师的合作氛围很好，分享和发言时内容和思想不受太多约束，教师之间相互信任，相互支持。在宽松的研讨氛围中，教师的思想是自由的，内部动机强烈，积极贡献策略。如何营造一个宽松的研讨氛围呢？幼儿园可以在研讨中消除上下级关系，每位成员都以教师的身份参与，避免成为集体开会。在选取研讨问题时，选择的角度尽量从下而上，从实践和教学场景中来，而非主动预设。但是一些非常有价值的问题，如果在实践中不明显，可以和教师沟通后提前预设，如课程理念等。培训主导者要避免利用自己理论知识的优势将话语权力变成话语霸权，充分尊重教师的主体地位，全面理解教师和教育现实。

2. 引领教师制订个人发展规划

问题式学习教师研训模式具有连续性，教师作为研训的主体，既是研训的受益者，也推动研训顺利进行。提升教师的专业发展和个人发展，是问题式学习教师研训模式的根本目标。因此教师的成长在研训过程中举足轻重，只有教师真正成长了，研训才发挥了应有的价值。教师的个人发展规划不应由上级制订，应该在研讨组织者的引领下，由教师个人制订，既能激发教师主动学习与发展的内在动机，让教师始终保持学习的热情，又能保证研训的结构和方向。在教师个人发展规划中，不仅要提升教师专业教学知识和技能，还要注重提升教师行动研究能力。积极的情感能激发学习的内部动力机制，引导教师在实践中制订"学习—应用—再学习—再应用"的自我规划，将教学中的实际活动和实际问题与理论知识、理论研究结合，成为自己实践情境的研究者，逐渐成长为专业型、研究型教师。在某一领域经验丰富的教师鼓励其向专业引领方向成长，鼓励和引导其开展相关主题研训，将教育实践者和研究者合二为一。教师在研训的基础上寻求个性发展，感受自我的进步，不断朝着自我期待的方向发展，实现园所发展和教师个人发展和谐共生。

---

① 赵海涛：《基于问题的校长培训模式研究》，硕士学位论文，华东师范大学，2005。

3. 科学的评价方式

问题式学习教师研训模式是基于问题的研讨，教师多以小组合作的方式进行自主学习，而非传统的讲座式培训，因此传统的单一的终结性评价和考核性评价（测查和测验）并不太适用。基于问题式学习教师研训的特点，建议将过程性评价和终结性评价相结合，自我评价和他人评价相结合。在考虑问题式学习评价的内容时，要注意围绕教师专业发展的三维目标，对教师在研训中所获得的知识与技能，问题解决的过程与方法，教师参与状态（情感、态度与价值等），问题解决后的反思等进行多元评价。[①]可以采用针对研训方案中的问题解决结果进行评价，如某一次展示活动中的主题解决方案。可以采用对本次研训活动过程的评价，如对问题式学习每个阶段的成果进行分析评价，检测阶段性成果是否有效，能否更优化，能否进一步深入探讨。科学的评价方式应该是以积极鼓励为主，避免贴标签，做考核，从教师原有认知水平和已有经验出发，发现和肯定教师的每一点进步和成功，促使教师自我发现，看见自我的成长和不足，充满希望地参与研训。

4. 教师自我知识管理

在研训过程中，教师将逐渐扩展知识范围，期望获得广泛而灵活的跨领域知识，因此教师的自我知识管理极为重要，这样可以使个人所拥有的各种资料和信息变成更多有价值的知识。自我知识管理不合理也是造成教师理论和实践常常脱节的因素之一。因为教师的行为方式是以个人知识和经验为基础的，如果没有系统且清晰地管理好个人知识，将不利于实践操作。如何引导教师进行自我知识管理？首先，要摆脱主观主义知识观的束缚，重视教师个人知识尤其是其中的默会知识；其次，尊重学习者的实践经验，教师采用各种手段和工具管理已获得的知识，如课堂实录、教育反思笔记等。

（二）合作型学习共同体的构建

每一位教师都是带着已有经验进入到学习中的，教师也很善于从其他人的经验中学习，人与人在合作、对话与互动中产生和构建新的意义、策略和方法，教师学习与实践共同体的构建成为提高教师研训有效性的必要途径。在真实情境中的学习，是通过合作性学习来实现的。在团队的合作学习中，学习者可以针对典型的案例或案例中呈现的问题，进行分析和交流，也可以在合作过程中分享各自的执教经验与体会。通过这种合作与对话的方式，不仅可以实现信息共享，而且也有利于学习者在思维认同和冲突中巩固或重建自己的认知结构。此外，教师的

---

① 徐文娟、杨承印：《论基于问题式学习（PBL）的有效实施》，载《教育学报》，2006（3）。

合作学习，还可以很好地满足教师的社会情感需求，从而激发其学习与工作的热情。

问题式学习教师研训模式非常注重小组合作学习，对教师的沟通能力、参与能力和小组合作有较高的要求，而教师的个人特质不一，每个人都是以自己的经验为背景建构对事物的理解，因而具有局限性。有的教师在小组中居于中心控制位滔滔不绝，有的教师习惯居于旁观者位沉默不语，有的教师习惯居于被动者位随波逐流。这都会影响小组的讨论是否高效，是否有效，是否充分。因此有效研训的必要条件是搭建合作型学习共同体，充分观察了解教师在沟通合作过程中可能存在的问题，在分组的形式、合作的内容、交流研讨的流程、分享合作的平台、合作氛围的营造等方面给予支持，对于成功的问题式学习小组而言，必备的技能包括：达成一致的技能、对话和讨论的技能、小组调节的技能、冲突管理的技能、小组领导的技能。[①]如采用异质分组的方式让小组内的教师互相学习和交流，通过结构性的对话支持教师高效地沟通与合作，通过线上线下分享平台的搭建帮助教师更好地合作，通过鼓励性的方式营造更好的合作氛围等。

（三）合理的研训组织架构

问题式学习强调民主平等的研训氛围和学习共同体的建设，而合理的组织架构能够支持问题式学习研训高效开展，问题式学习研训开展不能仅靠教师的一己之力，教师在研训中需要获得组织中各层次的支持，在组织过程中，教师也需要通过合作获得。

每一次的问题式学习研训，组织者负责研训前问题确定、方案的设计、计划制订、资源搜集，研训过程中的持续跟进指导，研训结束后对整个研训的总结反思和下一次研训活动的交接；支持者负责协调幼儿园内外各方资源，如后勤支持、专家邀请等事项；每一次的研训都要有研训导师的支持，研训导师可能是幼儿园的园长、教研员，也可能是外请相关领域的专家，研训导师针对教师在实践中遇到的难以自主解决的问题给予指导，扩展教师的经验，为教师解决问题提供必要的支持；研训分组时，小组长负责本组人员的自主学习、小组学习、研讨等工作安排，每个小组有记录员、计时员、分享者等角色，以保障学习的质量，组内角色可以轮换，每一位教师都能体会不同角色，承担不同责任，获得全面的成长。

（四）持续的研训资源库建设

研训资源包括学习资源和人力资源。学习资源包括文本资源和网络资源。文本资

① 赵海涛：《基于问题的校长培训模式研究》，博士学位论文，华东师范大学，2005。

源包括问题式学习的相关书籍。网络资源包括与学习内容相关的各种媒体信息，如学习材料、相关知识库、与问题相关的网址链接等，学习资源的丰富程度会影响教师在研训过程中学习的深度和宽度。人力资源包括专家资源和名师资源。在人力资源上，要充分挖掘幼儿园每一位教师的擅长之处。除了本园的参训教师外，还可以请专家和名师进行指导，会提升研训的有效性和客观性。

幼儿园应该建立研训资源库，并持续进行更新和补充。在资源库的建设过程中，要充分利用线上和线下平台，如幼儿园图书室资源建设，线上公共交流共享平台建设，发挥全园教职工的智慧进行资源搜集，确定筛选资源的原则，如相关性、科学性、时效性等原则，以确保学习资源的质量，在资源库的维持和运行过程中，确保教师取用便利，真正发挥资源库的支持作用。

三、一种可能：问题式学习课程园本研训架构参考

问题式学习课程表现出强烈的生成性，作为课程支持系统的一部分，问题式学习研训模式同样是一种基于实践的、问题的、行动的研训模式。在不同园所开展运用过程中，各园都应该结合本园的优势、不足、机遇、挑战等各种实际情况灵活使用。在运用问题式学习研训模式之前，幼儿园应对本园现状进行分析，对幼儿园的办园特色、园所文化、教师队伍结构、学习环境等进行系统剖析，基于本园课程建设过程中亟待解决的问题开展问题式学习研训，而不是照搬本书实践篇课程要素和各单元研训案例。

尽管本书以课程各要素划分研训单元，但各单元的内容并不是完全割裂的。课程是一个整体，每个课程要素都与其他要素息息相关。如课程理念渗透在其他各要素中，课程目标的实现也有赖于问题式学习活动的组织实施，课程内容的习得与学习环境和一日生活组织实施、学与教方式密切相关，学与教评价贯穿在一日生活各个环节，所以每个单元、每个研训都有其重点，但也要将其放置在问题式学习课程体系中整体考虑。

幼儿园在运用问题式学习教师研训模式促进教师专业发展，推动课程落地的过程中，以问题式学习课程各要素为研训内容载体，每个要素为一个单元，建构问题式学习课程园本研训架构，每次研训都是执教能力与问题式学习素养培养双线并行，在课程要素培训过程中帮助教师掌握问题式学习课程架构，提升课程设计与实施能力，同时教师通过研训模式发展内部学习动机、问题解决、交流合作等问题式学习素养。

在问题式学习课程架构之外，为了有效支持教师在研训中开展自主学习与小组学

习，提升反思能力，特别安排了作好准备单元，通过"信息素养与学习"与"成为反思型教师"研训帮助教师发展信息素养与反思能力。

在课程理念单元，"天性、生长、包容"理念建构帮助教师树立科学的儿童观、学习观与教学观，"以儿童为中心"的问题式学习研训让教师充分理解课程以儿童为本和基于问题的学习两大基本原则与特色。课程理念研训支持教师了解理念背后的理论思想，知其然且知其所以然，课程理念研训与教师实践紧密结合，让教师真正在实践中将理念变成现实。

在课程目标单元，通过"课程目标概览"研训帮助教师初步理解课程目标体系，支持教师在实践中运用和实现课程目标，并能通过实践不断完善目标体系。

在课程内容单元，通过"课程概览"研训帮助教师全面理解和掌握八大类问题、内涵、价值、问题解决路径、幼儿学习方式和问题蕴含的知识经验。此外，很多教师表示对数学领域核心经验及幼儿学习线索不了解，组织者以数学领域为例开展研训，既能帮助教师掌握数学领域核心经验与幼儿学习线索，同时也为教师自主学习和小组学习其他课程内容提供路径参考。

在学习环境单元，根据教师实际情况选择室外种植园学习环境作为研训切入点，帮助教师理解学习环境创设与调整的整体思路、实施路径及具体策略。此外，进行问题式学习环境研训，可以帮助教师了解问题式学习环境八要素，进一步革新教师学习环境创设理念，提高教师学习环境创设的能力。

在一日生活组织实施单元，支持教师通过培养幼儿自主性实现一日生活各环节的流畅转换。通过师幼互动研训帮助教师了解师幼互动的基本原则和具体策略，帮助教师学习如何说幼儿才会听，如何创设平等、互相尊重的师幼关系。

在问题式学习活动教学设计单元，通过问题式学习活动的教与学帮助教师系统了解问题式学习活动设计与实施原则、策略，随后在随机问题式学习活动和专题问题式学习活动研训中分别体验两种问题式学习活动的设计实施，通过问题式学习活动的优化帮助教师掌握优化问题式学习活动的有效方法。

在问题式学习活动教学评价单元，通过幼儿观察与评估研训支持教师对幼儿进行有效的观察评估，通过学习档案研训帮助教师了解如何通过学习档案对幼儿学习与发展进行过程性评估。

下篇　案例篇

第三章 做好准备

∽ 案例1：信息素养与学习 ∽

一、确定问题

　　信息素养是指合理合法地利用各种信息工具来确定、获取、评估、应用、整合和创造信息，以实现某种特定目的的能力。当前我们处在一个"信息大爆炸"的时代，在教育信息化时代背景下，学前教育的对象、内容和形式等都在一定程度上发生了改变，这对幼儿园教师专业素养提出了新的要求和挑战，信息素养成为教育信息化时代幼儿园教师专业素养的必要的组成部分。

　　问题式学习非常强调学习者的信息素养，要求学习者在发现问题、解决问题的过程中能够明确信息需求，学会获取、评估、整合信息。因此，希望通过此次研训提升教师的信息素养，为后续问题式学习研训奠定基础。

　　情境：为了给教师的观察评估提供依据，教师结合实践经验和理论知识梳理出班级各区域幼儿的学习线索。由于教师实践经验非常丰富，然而理论知识的匮乏，让教师的梳理过程变得有些艰难。一些教师通过查阅图书、请教他人来完成，也有一些教师有上网查找的意识，但是查找途径仅限于百度等，对于更多的搜索途径和搜索关键词却是不清楚的。

　　一线教师学习途径单一、学习视野狭窄、不善于运用信息技术获得有用的知识和信息，解决问题能力较弱。在终身学习型社会，每一个学习者都必须具备一定的信息素养，以满足其在一生中各个阶段的不同学习需求。教师是自身专业成长的主人，对自己的专业发展进行合理规划是每个教师必须具备的能力。信息素养作为一种能力需要在具体实践活动中获得，因此，我们结合信息素养与教师专业发展，通过研训让教师在制订自身专业成长规划过程中学会利用各种信息工具来确定、获取、评估、应用、整合和创造信息，提升自身的信息素养。

二、开发研训方案

确定研训问题后，组织者需要开发研训方案，对研训进行整体的规划和设计。

（一）教师学习目标

- 了解信息素养与终身学习的重要性和必要性。
- 掌握信息素养与学习的相关内容和知识点。
- 了解如何运用信息技术促进自身的专业发展。
- 制订个人专业成长规划。

（二）确定学习内容

- 信息素养的要素及其具体的指标。
- 运用信息技术检索教师专业成长相关信息。
- 学习教师专业成长相关内容。
- 学习如何撰写教师专业发展规划。

（三）准备学习资源

为了提升教师的信息技术意识与应用能力，组织者为教师提供了有关信息检索的各种自主学习资源，包括《网络信息检索实例分析与操作训练》《信息检索》等。同时，组织者还鼓励教师根据学习需要搜集更多的资源。

（四）确定研训形式

自主学习：教师自主检索信息资源，对信息资源进行筛选和整合。

专家指导：教师在研训过程中遇到的问题，研训组织者会邀请专家对教师进行针对性培训。

现场操作：研训采用组织者边讲解教师边操作的形式。

交流分享：教师面向小组和大组交流分享自己的成果。

三、实施研训

本次研训以幼儿园为单位开展。全园教师共同参与，通过自主学习，了解教师专业发展相关内容，制订个人专业发展规划，在制订专业成长规划的过程中提升自身的信息素养。

（一）认识问题、分析问题

组织者向教师提问："你希望自己在幼儿园的教育实践中实现怎样的专业发展？"有的教师对这个问题并不十分理解，对于专业发展具体指什么存在困惑。

针对教师的困惑，研训组织者让教师先进行头脑风暴："你认为什么是教师专业发展？你如何理解教师专业发展？"有教师认为"教师专业发展是一个长期发展的过程，涉及不同的阶段"，还有的教师表示"每个教师的专业发展有所不同，新教师和老教师的专业发展肯定是不一样的"，还有的教师谈到我们每个人需要对自己的专业发展进行一个规划。不少教师表示自己曾经在领导要求下也撰写过教师专业发展规划，但自己并不知道该如何去写，只是找别人写好的规划进行模仿，对于什么是专业发展、如何撰写教师专业成长规划并不是十分清楚。

经过共同讨论分析，确定核心问题为：如何基于自身专业成长制订个人专业发展规划明确核心问题之后，教师结合已有经验和自己的思考，将问题进行拆分。最终确定，教师在制订个人专业发展规划前必须首先明确以下几个方面的问题。

教师专业发展是什么？包括教师专业发展的内涵、构成要素、影响因素、发展阶段、实施措施等。

教师专业发展规划包括什么？教师专业发展规划的内涵、意义和价值、内容、策略等。

教师如何利用信息解决制订个人专业发展规划的问题？包括检索的途径、方式等，信息评价和整合，信息组织、管理与交流等。

对问题梳理后，教师进行讨论，共同拟订了学习议题。其中包括了解教师专业发展规划的相关内容，了解教师专业发展的相关内容，学习信息素养的相关内容。

（二）自主学习

1. 明确信息需求

明确学习问题后，教师要着手进行信息的搜集。在搜集信息之前，教师要知道自己要搜集哪些信息，明确自己的信息需求。教师需要确定所需信息的性质与范围，认识不同类型的信息源（如图书、期刊、数据库、视听资料等），了解它们各自的特点；分析信息需求，确定所需信息的学科范围、时间跨度等；用明确的语言表述信息需求，并能够归纳描述信息需求的关键词。因此研训组织者采取分小组讨论的方式，教师分小组进行讨论，讨论结束后每个小组派一位代表用简练的语言表述自己小组要搜集哪些方面的信息并用几个关键词来概括。

最终，各小组通过交流分享，最终明确信息需求为"教师专业发展的定义""教师专业成长规划包括哪几个要素""如何制订教师专业成长规划"等。

2. 获取信息

（1）自主搜集信息检索途径

在拟订学习议题并明确信息需求后，教师需要利用多种途径检索信息。教师基于自身已有经验，分享了许多信息检索的途径，具体包括百度文库、市图书馆、幼儿园图书室等。可以看到，教师分享的这些常用信息检索途径并不完全适用于专业学术信息的检索。在分享中，不少教师也提到自己常用的信息检索方式和途径常都是为日常工作和生活服务，对于学术类信息的检索方式不是很了解，也没有使用的机会，往往造成检索结果较少、质量不高等问题。基于教师在学术信息检索途径和检索方式中存在的问题，研训组织者为教师整理了常用学术数据库的检索方式和检索技巧供教师自主学习。

教师通过运用自己熟悉的信息检索方式并自学研训组织者提供的信息检索途径学习资料，尝试对有关幼儿园教师专业发展的相关信息资源进行检索。检索对象包括相关专业书籍以及各类电子文献。

（2）操作演练熟悉检索工具

在分享信息检索结果的过程中，大部分教师反映研训组织者提供的信息检索方式专业性太强，步骤太烦琐，在理解信息检索步骤和操作信息检索工具上存在一定困难。针对上述问题，研训组织者决定对教师进行信息检索实操的专题培训。研训组织者将操作步骤展示在投影仪屏幕上并进行步骤的详解，教师每两人合作，根据研训组织者的讲解即时操作电脑。另有一名研训组织者来回观察，在教师遇到问题时及时提供帮助。

通过研训组织者对教师进行的有关学术信息检索步骤和方法的培训，教师能较为熟练地掌握常见数据库的检索步骤和方法。在实际操作培训结束后，教师自主在知网等数据库成功下载了数篇有关幼儿园教师专业成长和专业发展规划的论文。

操作演练

操作演练是教师在组织研训者指导下进行的实践活动，以培养教师专业操作能力的方法。操作法使得研训组织者和教师在"做中学、做中教、做中求进步"，能培养教师合作工作和实践的能力和品质。

操作演练的基本要求如下：

做好操作演练的准备。研训组织者要制订计划，确定地点，编好小组。

做好操作演练的动员。使教师明确操作作业的目的、任务、注意事项，提高自觉性。

做好操作演练过程中的指导。研训组织者要认真巡视，掌握全面情况，发现问题和经验，及时进行辅导与交流，以保证质量。

做好操作演练总结。由个人或小组写出专题总结，以巩固收获。

3. 评价信息

教师在熟练掌握各种信息检索途径后，获取了大量的信息，在分享自己所搜集的信息过程中，教师发现有的文献质量很高，为自己撰写专业成长规划提供了新的思路，而有的文献则对自己帮助很小。那么如何才能分辨信息的价值呢？

针对教师提出的问题，研训组织者让教师以小组为单位进行讨论，针对手头上搜集到的文献，自主进行阅读和思考，区分出"优质信息""无关信息"，并给出自己分类的理由。通过集体分享，大家一起总结出了"优质信息"和"无关信息"的特点，提炼出了信息筛选和评价的四个原则，即相关性原则、可靠性原则、新颖性原则、适应性原则。

4. 整合信息

整合信息资源要求教师把选择的信息融入自身的知识体系中，重构新的知识体系，综合主要观点形成新的概念，撰写文献综述。信息的整合是教师重要的信息能力之一，教师检索到的大量繁杂的信息需要通过信息整合抽取要点，并把选择的信息融入自身的知识体系中，重构新的知识体系。

（1）阅读文献

由于文献信息不同于一般的文章，具有较强的专业性，因此读起来也比较深奥，难以理解，教师在阅读文献的过程中普遍表示存在困难："花费时间长，一篇文献我得看20分钟""特别专业，理解不了""抓不住重点"等。

为提高教师阅读速度和批判性阅读能力，解决教师不知道如何快速阅读文献信息，提取文章关键内容的问题，组织者开展了关于运用SQ3R阅读法阅读文献的专题讲座。"SQ3R"阅读法包括浏览（survey）—发问（question）—阅读（read）—复述（recite）—复习（review）五个步骤。

通过专题讲座使教师基本掌握了用科学的方法阅读文献。在阅读文献环节，研训组织者决定组织教师集体阅读"教师专业发展"相关信息与文献。教师分为若干小组，每组4名教师，小组集体阅读"教师专业发展"文献，研讨各篇关键词及要点，总结、记录阅读和研讨中遇到的问题。为教师提供的文献即教师第一轮自主搜索和筛选后的文献。15分钟后，小组代表进行分享，组织者对分享进行指导和点评，对小组讨论中遇到的问题进行解答。

（2）撰写文献综述

教师在集体阅读"教师专业发展"相关文献时，已经有很多教师开始使用思维导图整合文献的要点和关键词。在研训过程中，有教师提到，如何对检索到信息的具体内容进行整合。研训组织者引入文献综述的概念。文献综述也称文献回顾或文献评论，指的是对到目前为止的、与某一问题领域相关的各种文献进行系统的查阅和分析，以了解该领域研究状况的过程，即讨论特定时间段、特定学科领域内已公开发表的信息。文献综述不是简单地汇总各种文献资源，而是根据一定的结构标准，重新组织和分析已有研究中的重要信息。为让教师快速地掌握文献综述写作规范，研训组织者为教师提供了两篇优秀的文献综述作为学习材料供教师参考。

第一次撰写文献综述

教师通过参考研训组织者提供的优秀文献综述，自主进行文献梳理，撰写文献综述，并在文献综述的最后提出撰写文献综述过程中遇到的问题。组织者阅读教师提交的文献综述，为每一篇文献综述提供修改建议，教师收到反馈意见后对文献综述进行修改和完善，指导教师深入阅读，把握每篇文献的主旨脉络；调整样式，使其符合文献综述的规范；梳理框架，使整体逻辑更为清晰。

同时，组织者记录教师提出的问题，思考在下次的集中研训中如何为教师提供有针对性的支持。教师提出的问题如下。

缺乏归纳总结文献的经验。

对于一些复杂的、篇幅内容较多的文献，如何快速从文章中把握关键内容？

当多篇文献中都讲述教师专业、发展时，如何进行归类定位？

组织者针对教师在自主撰写文献综述时遇到的问题，组织教师开展集中研训。组织者首先向大家报告了文献综述撰写的整体情况，以及大家提出的普遍性问题。接着，组织者请文献综述完成得比较好的几位教师分享他们的文献综述，以及阅读文献、梳理内容的经验。在教师分享的基础上，组织者进行了"如何撰写文献综述"的主题研训，通过分享交流和培训，教师对文献综述有了系统的认识，并了解了文献阅读与综述的基本方法与技巧。

第二次撰写文献综述

教师在研训结束后，根据研训组织者提出的建议重新思考文献综述的框架和内容。在第二次撰写文献综述时，教师按照培训内容对文献综述的框架和内容进行重新整合，按研究主题对文献的逻辑进行整理，对已有文献内容进行整合，最终呈现的文献综述内容翔实，基本符合学术规范。对已有文献内容进行整合，教师在撰写"幼儿园教师专业发展文献综述"后，为了巩固培训效果，进一步提升教师撰写文献综述的

　　课程改革的不断推进对教师的反思能力也提出了更高的要求，但在现实情况中，由于处在不同职业时期的教师专业起点不同，教学实践经验有差距，反思意识与反思能力也参差不齐。有些教师在长期的教学实践过程中形成了一定的思维定式，习惯于经验判断，缺乏反思的意识。而部分年轻教师专业基础薄弱，或者教育理念尚未内化成教育行为，常常看别人这么做，自己也就这么做，反思往往流于表面，缺乏对"为什么这么做？还可以怎么做？"等方面的深入思考。加之一线教师工作琐碎繁杂，疲于应付日常教学、班级管理、家园沟通等各项工作，常常把反思看成是管理者的工作要求，而不是自身专业成长的内在需求，不能在自主建构的过程中运用反思，反思往往成为一次教育行为的结束而不是下一次教育行为产生的基础，反思到的问题不能在后续的教育活动中得到解决，总结出的方法也没有在实践中得到运用和推广。

　　为此，我们组建了研训团队，带领教师围绕"如何成为反思型教师"这一核心问题展开了一系列研训活动。

二、开发研训方案

（一）研训目标

- 深化教师对幼儿园问题式学习课程的理解，激发教师的反思意识。
- 提升教师反思能力。

（二）学习资源

　　本次研训为教师准备了一定的学习资源，同时也鼓励教师在解决问题的过程中积极进行信息搜集、筛选和利用，帮助教师发展信息素养。组织者在中国知网等相关网站下载了相关文献，如幼儿园问题式学习课程框架、幼儿发展心理学、教育心理学相关书籍。

（三）研训方式

　　集中研训：开展问题式学习园本课程基础培训，加深教师对课程理论基础的理解。

　　分享交流：对照《幼儿园教育指导纲要（试行）》思考、讨论，梳理、提炼我们的课程应坚持什么样的理念。建立方便教师随时发布、评论的分享交流平台，方便教师在研训过程中随时提问、分享、回应。优选案例与全体教师进行分享交流。

　　行动研究：支持教师拟订自己的行动计划，在一日生活组织实施、学习环境创设以及教育教学活动中不断反思、调整，开展行动研究。

　　知识管理：注意过程性知识管理，进行阶段性梳理，鼓励广大教师形成经验（论文、经验总结、培训等多种形式），将个人智慧梳理、分享，积累形成集体智慧。

三、开展研训

（一）认识问题：为什么要成为反思型教师

研训伊始，组织者引导教师思考：作为教师，为什么要反思？如果没有反思会怎样？

教师纷纷表达了自己的想法：

"要经常反思才能知道自己哪里做得好，哪里做得不好，下次改进。"

"做完活动后要反思教育目标有没有达到，不能只是图热闹。"

"反思是对自己的深刻认识和剖析，经常反思能促进自己专业能力的提升。"

"通过反思调整教育实践，改善教育质量，更好地促进幼儿的学习与发展。"

……

组织者进行了总结：反思是教师进行自我建构的过程，教师要有发自内心想要自我提高的意识，时时对自己的教育实践进行批判性的思考，思考自己的教学行为，思考学生的学习行为，思考课程资源等，而不是把反思当成通过外在压力而承担的一种任务。

（二）小组讨论：如何成为反思型教师

在认识了反思的重要性后，组织者引导教师以小组为单位，围绕两个问题展开讨论：

问题一：教师有没有养成经常反思的习惯？存在哪些问题？

问题二：要成为反思型教师，我们可以怎么做？

经过讨论，各组教师分享了他们在当前实践中的反思和存在的问题，汇总如下：

"不知道怎么反思，有时候感觉有问题，但是不知道问题出在哪里。"

"没有养成反思的意识和习惯。"

"有时候事情太多就忘记了。"

"反思太耗费时间和精力，没时间做。"

……

教师对这些问题进行了分析，并讨论了可能的解决策略。

策略一：不会反思主要是因为缺乏标准，不知道优秀的教育实践应该是怎样的，不知道应该从哪些方面去反思。需要以课程框架为基础，对课程各要素尤其是课程理念进行深入的研讨和理解。

策略二：集体备课时进行案例研讨，帮助教师掌握反思的思路和方法。

策略三：重视反思，建立常态化的反思机制，养成每日带班后反思的习惯，经常问自己"为什么是这样？""这个问题怎么解决？""我的做法是否符合课程理念？""有什么更好的方式吗？"

策略四：在备课时间中安排相对固定的部分用于反思。

策略五：可以使用一些工具辅助反思，例如，将晨谈活动录音，教师通过回放录音对自己的提问和回应进行反思。

策略六：及时撰写计划和总结。

（三）集中研训：深化对课程理念的理解

为了帮助教师在理解课程理念的基础上进行反思，组织者和教师一起进行了儿童观、学习观和教学观深度研训。

1. 我们秉持什么样的理念

组织者将课程相关的理念分为九条，每条理念都有正反两种表述，每个年级组的教师抽取其中的三条进行辨析和讨论，说明本小组认可的表述及依据（见表3-1）。

表3-1 教与学研训中关于课程理念的辨析条目

正	反
幼儿是有能力的学习者。	幼儿是一张白纸，什么都要教。
幼儿是主动的学习者。	幼儿在被动接受成人的观点中学习。
幼儿是学习与发展的主体；教师在教学中发挥主导作用。	教师是幼儿学习与发展的主体；教学应该完全由幼儿主导。
幼儿具有自己的学习方式和特点。	幼儿的学习方式与成人一致。
幼儿的发展具有整体性。	幼儿不同方面的发展是完全割裂的。
幼儿的发展是身体、心理、智慧的协调发展。	课程中幼儿发展主要聚焦在智力的发展。
幼儿的发展立足于其一生的可持续发展。	幼儿的发展只是为了能适应幼儿园及为适应小学生活做准备。
幼儿的学习与发展存在个体差异。	幼儿的学习与发展应该达到同一个标准。
幼儿在解决问题的过程中学习，获得发展。	幼儿解决不了问题。

在讨论和分享中，教师对课程理念进行了澄清，提出了很多实例，丰富了教师个人对课程理念的理解，对幼儿园实施问题式学习课程所希冀的共同愿景有了更进一步的认识。

2. 问题式学习课程是怎样实践这些理念的

组织者引导教师对问题式学习课程框架各要素进行了回顾复习，接着，组织者抛出引导性问题请教师思考：课程各要素（幼儿学习与发展目标、学习内容、学习环境、学与教方式和学与教评价）是如何践行课程理念的？

教师分成五个小组，每组重点围绕一个课程要素展开讨论，最终各组分享了讨论的成果。

"课程的八大学习与发展目标就体现了课程理念：好奇心体现了'幼儿天生好奇好问'；问题解决、元认知体现了我们相信幼儿能够通过解决问题获得学习；想象与创造、建构认识、交流沟通、团队合作体现了我们重视幼儿在自我建构和社会建构中学习；信息素养则是幼儿解答疑问、解决问题，实现主动建构所必需的能力。"

"学习内容的选择也体现了课程理念，由于我们的课程理念是以幼儿为中心，强调幼儿通过解决问题来学习，因此学习内容不是固定的，而是由幼儿的兴趣、需要和遇到的问题决定的，课程框架只是提供了课程内容选择的范围。"

"学习环境的创设也应该体现课程理念，让幼儿参与环境创设，体现幼儿的主体性；环境应该是丰富的、有一定的挑战性和开放性的，支持幼儿在环境中遇到问题、解决问题。"

"在问题式学习的学与教方面，我们强调通过观察了解幼儿的兴趣、需要和问题，基于此设计活动，体现了以幼儿为中心，重视幼儿的好奇心。在开展问题式学习的过程中，我们鼓励和支持幼儿通过搜集信息、交流分享、总结反思、成果展示等方式解决问题，建构认识，体现了我们认为幼儿的学习是主动建构的，幼儿可以在解决问题的过程中获得发展。"

"在学与教评价方面，由于我们秉持幼儿是有差异的独立个体的理念，采取多元化的评价方式，既有检核表式的评价，也有观察记录、学习档案，既有全班幼儿的整体评价，也有个体的学习与发展评价。"

各小组分享后，教师对于问题式学习课程的各个要素对课程理念的实践思路有了清晰的认识，为其下一步开展反思奠定了基础。

（四）建构策略：如何培养常态化反思习惯，提升反思能力

明确课程理念和课程架构各要素后，教师有了反思参考的标准，接下来要逐步培养反思意识与习惯，发展反思能力。习惯的培养需要一定的时间和支持，为此，教

师们经过讨论，建构了具体可操作性的策略：定期撰写观察记录与内讯进行个体反思；每周1次集体备课进行集体反思；配备平板电脑支持教师拍照、录音、录像，辅助反思；教师记录反思过程中遇到的问题，组织者组织相应的培训和研讨，及时解决问题。

（五）在实践中提升反思能力

在进行了充分的研训活动后，教师有意识地在实践中对照课程理念反思自己，不断提升反思能力，组织者为教师提供了问题式学习课程资料，作为教师实践反思的参考。下面通过一个案例来展现教师是如何不断反思、不断调整教育实践的。

例　　　　　　　　　　　　　户外学习环境创设

1. 环境创设过程

幼儿园的户外场地是根据场地特色划分了不同的游戏情境，幼儿采取跑区的形式开展户外游戏，经过一段时间的观察，教师发现了一些问题，如：每个游戏情境的内容比较单一，不能满足幼儿不同兴趣的探索需要；每班教师固定在某个场地对来自不同班级的幼儿进行观察，这样的观察缺乏对本班幼儿的持续跟进；幼儿三五成群到园所各情境游荡，在没有教师持续跟进指导的情况下，幼儿缺少对游戏的深入探索；幼儿分享的游戏记录有时会出现和自己实际游戏的内容不相符的情况等。

为了解决这些问题，幼儿园决定将自主权交给教师，由教师重新创设户外游戏环境。得到充分的授权后，教师分成三大组，分别负责前草坪、后操场和后花园的环境创设，采取线上、线下相结合的研讨方式，开展了一系列研训活动。

第一轮研训以"如何改造现有场地以增强户外游戏的趣味性和可探索性"为核心问题展开，教师以园本课程理念为核心，讨论符合课程理念的户外学习环境应该是怎样的。经过讨论，大家认为，能够让幼儿发挥自主性、支持幼儿问题式学习的户外环境应该具有开放性、丰富性、挑战性、趣味性、创造性，能够激发幼儿自主探索的欲望，支持幼儿自发地生成游戏，从而促进幼儿身心各方面的发展。在此基础上，教师对各场地的优劣势进行了分析，多方搜集信息，形成了初步的环境创设方案，确定了环境中包含的要素。

在细化方案的过程中，教师提出了新的问题，如光影游戏单独作为一个区域，还是可以与百宝区结合？泥巴池如何保证安全卫生？针对这些具体问题，教师展开了第二轮研训，搜集信息，依次解决，在初稿的基础上形成了细化的环境创设方案。邀请专家对方案进行指导，根据专家的建议，重新审视了环境创设的理念，围绕一些问题进行了再探讨、再分析，对户外环境环创方案进行了调整和完善。

在总结阶段，教师以小组为单位分享了环境创设过程中教师的学习、研讨与反思调整。例如，在创设户外百宝区的过程中，一开始教师对百宝区这个区域很陌生，从来没有创设过这样的区域，所以都很迷茫，不知道该如何创设。在导师和园长的指导下，教师开始有了方向，在阅读了一些优质信息资源后，教师了解到百宝区是借鉴了瑞吉欧的理念，指收集简单、开放的材料，经常能看见或自然界中容易找到的材料，这样的零散材料不会限制幼儿的想法和创意，提供了无限的游戏机会。

明确了百宝区的含义和价值后，教师开始初步规划百宝区的位置。考虑到户外日晒雨淋的因素，教师把百宝区设置在原木工区有雨棚的一块区域。在考虑投放材料的时候，教师也遇到了一些困惑，到底投放什么样的材料才是合适的呢？在学习了一系列的瑞吉欧课程后，教师受到了很多的启发，也对材料的投放有了一定的想法，例如，树叶、树枝、花朵、果实等；彩色透光积木、雨伞、镜子、不同形状的物体等；木块、木片、麻绳、纱布、放大镜、手电筒等。

2. 教师的评价与反思

幼儿园户外环境是重要的教育资源，是幼儿最好的、最自然的启蒙老师。因此，幼儿园户外环境的创设，不只是简单地为幼儿提供场所和设施，而应将环境视为课程，教师根据既定的教育目标与要求，有目的、有计划地运用环境中的各种要素，引发幼儿与环境积极有效地互动，从而促进幼儿身心各方面的发展。幼儿园户外环境应该是生态的、自然的、可选择的、具有挑战性和创造性的。在环境创设中，要以幼儿为本，使幼儿成为环境创设的参与者和创造者，充分发挥幼儿的主观能动性，让幼儿成为环境的"主人"。

这个设计方案中孩子们在自然中收获快乐和健康，学会保护合作，懂得关爱和创新，逐渐形成坚强的意志品质和良好的适应力，户外野趣活动让教师回归自然，促进孩子大胆地、自由地去感受、感悟和探索。教师在创设环境中适当地留白、给予孩子自由探索的时间和空间。"集团体的力量与智慧于一身。"这次的研讨方案结合了幼儿园的课程理念，教师致力于打造"野趣""自由"最后"自发"的幼儿探究式深入学习活动的环境。各种元素的加入，让我们的环境成为课程的一部分，当中有孩子自己的发现，也有此年龄段最近发展区所需幼儿进一步努力所预埋的、探究性活动的预设点。

四、评价

本次研训从核心问题的定位着手——针对"成为'反思型教师'是每一位幼儿教师的专业追求"这一主题进行了充分的研训，经历了资料收集、总结与提炼，同时明晰在幼儿教育中应该秉承和坚持的理念，梳理教学目标、社会需求，指南要求、课程理念与问题式学习模式间的关系与链接，从目标、需求以及要求出发，把握课程核心理念，结合本园教学愿景与问题式学习的主旨，将理论融入实践，让实践丰富理论，二者相辅相成，相互促进，教师作为其中的实施主体，充分发挥在教学实践当中的主观能动性，不断磨炼自身，逐步成长为一名反思型的教师。

第四章　课程理念研训

∾ 案例1："天性、生长、包容"理念建构 ∾

一、确定问题

　　课程理念犹如灯塔，指引课程方向，引领课程实践。只有在理解和认同课程理念的基础上，教师才有可能做出符合课程理念的行为，问题式学习课程才能真正落地。反之，如果教师对于理念一知半解甚至存在错误和偏差，在理念指引下的实践也难以体现问题式学习课程的精髓，难以促进幼儿的深度学习与健康成长。

　　集体备课时间，几位教师聊起了自己在实践中的困惑与问题。

　　林老师：今天我们打算去观察后花园的小兔子，小宇没有排在第一个，因为这个哭了好久，活动也没参加，这个时候我应该怎么以幼儿为中心呢？

　　杨老师：我们班每个孩子都有自己的个性特点，班里有的孩子特别外向，很喜欢表现自己，有的孩子却一个学期都不说一句话。面对这么多有个性的孩子，老师应该怎么做呢？

　　陈老师：我们班孩子下个学期就大班了，家长们都特别着急，想让孩子多学点学科知识。我也是孩子的妈妈，也挺理解家长的想法，所以现在也很疑惑，幼儿园的孩子应该要学习和发展什么呢？

　　上述问题背后是教师对于课程理念的理解不够深入，尽管教师已经在学习"以幼儿为中心"和"解难"理念的基础上对课程理念有了一定的认识，但很多教师并没有将其内化为指导实践行动的指引，也没有建立科学、稳定的幼儿观、学习观和教学观，导致教师在实践中出现左右摇摆的行为和想法，表现出与课程理念不符的行为表现，在家长工作中也难以引领家长建立科学的教育观念。

　　由此，为支持教师对课程理念的深入理解，组织者引导教师围绕"天性""生长""包容"三个词进行深入的学习、研讨、实践与反思，边做、边学、边悟，最终提升每位教师对于理念的理解，并真正在实践中落地课程理念。

二、开发研训方案

（一）拟订教师学习目标

一方面，教师对于理念内涵理解并不深入；另一方面，教师很少运用理念进行分析，也很少对实践进行反思、用理念指引实践。教师的学习目标如下。

- 能够反思并改善自己的儿童观、学习观与教学观。
- 能够运用理念对实践案例、观点进行分析。
- 能够对课程照理念反思并调整自身的教育实践。

（二）确定教师学习内容

问题式学习课程的核心理念是"天性""生长""包容"，这是对幼儿观、学习与发展观和教学观的高度概括。课程遵循幼儿的天性，用包容所有幼儿的教学方式支持幼儿在问题解决中增加有益经验。当教师真正理解这三个词背后的内涵时，就能更深入地理解问题式学习课程，在实践中更好地实施课程。由此，为了帮助教师理解问题式学习课程的儿童观、学习观和教学观，让教师学习研讨"天性""生长""包容"的内涵，以实现理念的提升与改善。

（三）确定研训形式

自主学习：教师通过阅读相关学习资源，扩展对于理念的认识与理解。

小组学习与分享：教师分组学习，构建策略，解决问题。

专题讲座：教师通过参加专题讲座，加深对理念的认识。

案例分析：教师运用理念分析实践案例。

实践运用：教师将理念运用到实践中。

（四）准备学习资源

组织者在中国知网等学术网站搜索下载相关文献，通过深圳图书馆、幼儿园图书室为教师准备相关书籍，如《孩子是如何学习的》《窗边的小豆豆》《民主主义与教育》《儿童的一百种语言》等。

三、开展研训

（一）理解"天性"

1. 认识问题，分析问题

研训伊始，组织者请教师从手机里找一张自己觉得最能体现儿童天性特点的照片，随后将手机摆在桌子上，大家可以自由走动，观察其他教师眼里的孩子是什么样的。最后，个别教师分享自己选的照片，向大家介绍照片里的孩子是什么样的。在不同的照片里，幼儿的表情和行为都是不一样的，有的在笑，有的在哭，有的在泥巴里打滚，有的在专注地搭积木，有的在享受地吃东西，有的在生气，还有的蹲在草丛边，正在专心致志地观察地上的蚂蚁……

教师对于天性的理解不同。有教师认为孩子们的天性是好动的、充满活力的；有教师认为孩子们很喜欢动植物，喜欢观察和探索，对周围世界充满了好奇心和求知欲；还有教师认为孩子们是天生的破坏者，但是他们慢慢地就会学会好好吃饭，学会收拾玩具。幼儿是不成熟的，但是他们有潜力，也一直在越变越好。

分享结束后，大家发现每个人眼中的幼儿都是不一样的，一千个教师眼里有一千个不一样的孩子。组织者引导老师思考：幼儿的天性到底是什么样的呢？我们又应该怎么基于幼儿的天性进行教育呢？

教师对问题进行了分析，对于儿童天性观念的思考，应该要考虑以下几个方面的内容。

- 为什么要强调儿童的天性？
- 天性的内涵是什么？
- 儿童的天性是怎样的？
- 我们应该如何基于儿童的天性展开教育？

2. 拟订学习议题

在对核心问题进行分析后，教师发现对于"天性"的理解既要基于自己的实践经验，又要通过学习相关领域的知识扩展自己对于儿童观的理解。在此基础上反思并调整自己的儿童观，再通过对天性的学习改善实践。最后，大家共同讨论，拟订了理解"天性"观念的学习议题。

- 理解儿童的天性在教育中的重要地位。
- 学习"天性"的内涵，了解儿童的天性。
- 学习运用"天性"理念分析教育实践问题。
- 学习与实践基于儿童的天性开展适宜的教育。

3. 搜集信息，自主学习：理解"天性"的重要地位及内涵

（1）搜集、筛选信息

拟订学习议题后，教师意识到需要更多的学习资源展开自主学习。为了更有效地开展学习，教师4-6人一组，各小组在组织者的引导下分别进行了学习资源的检索、搜集。有的小组负责检索期刊文章，有的小组负责发现好书，有的小组负责搜索微信公众号文章。

经过第一轮的搜索之后，各小组分享了各自搜集的资源。大家一起对资源进行了初步的筛选，结合组织者为大家提供的学习资源，共同确定了学习资源包。

（2）自主学习：好书共读

初步筛选学习资源后，教师提出了自己的问题：学习资源太多，如果每个人都要学习所有的内容，时间太长，而且压力很大，有些文献很难理解，阅读起来有困难。大家对这个问题进行了讨论，最后在组织者的引导下，对书籍选择重点章节进行阅读，每个小组重点阅读1-2篇期刊文章，各小组在线上分享期刊文章中有价值的内容，大家互相学习。

在阅读过程中，有教师发现《童年的秘密》一书的部分章节深入浅出地阐述了儿童的天性，有助于帮助教师解决核心问题。于是在组织者的帮助下，教师成立了《童年的秘密》共读小组，制订了共读计划。每个小组有一位指导老师带领大家进行学习，并进行了三次共读分享活动（见表4-1）。

表4-1　共读分享记录表

	共读分享内容与形式
第一次共读	分享阅读感受——采用碰球游戏的方式，每位教师简要表达自己阅读的整体感受或印象最深的内容。
第二次共读	1. 找出关键词——每位教师用3-5个关键词表达自己阅读的整体感受，并书写在便笺纸上。 2. 甄别——请教师按照自己的理解将自己写的关键词分类贴入相应图表中，包括儿童观、教育观2个类别。 3. 归类——讨论、梳理图表中的关键词。 4. 提炼核心价值观——每个小组推荐有关儿童观、教育观的读书摘记各三条，并注明关键词。 5. 写启示——每位教师在纸上简要列出蒙台梭利经典著作对自身的启示。
第三次共读	提炼核心价值观——各小组对书中关于"天性"的内容进行讨论，形成共识。

通过对《童年的秘密》一书部分章节的共读，教师扩展了对于儿童天性的认识，了解到儿童自出生起就有一种本能，这种本能指导着儿童活动、发展和适应环境；儿童个体发展有自己的方式和规律，儿童通过感官去感知和观察世界。

好书共读

"好书共读"是选择一本或几本对教师有帮助的图书，教师在研训组织者的指导下共同开展的读书活动。"好书共读"可以让教师在共同的认知基础上开展研训，形成阅读和研讨的氛围，促进教师的专业成长。开展"好书共读"需要注意以下几个方面的问题。

①图书的选择标准：图书本身质量较高，作者是权威专家，或者图书在业界有一定影响力；内容对教师是有价值的，可以通过阅读解决当前遇到的问题。

②时间的选择：灵活安排分享时间，可选择教师闲暇时间进行分享，分享前为教师预留充足的阅读时间。

③计划的制订：研训组织者要根据幼儿园实际情况制订完善的阅读与分享计划，在过程中根据教师的情况进行微调。

4. 共同建构对"天性"的认识

自主学习后，大家共同建构了对于"天性"理念的价值和内涵的理解。儿童是课程的起点，教育要在理解儿童、尊重儿童的基础上发挥作用。只有真正理解幼儿的天性，才能产生高质量的课程。天性涉及儿童的独特性、主动性、潜能性、依赖性与可塑性，还有自然的发展进程，这些都是天性的特点。儿童在各个年龄阶段的发展特点是不一样的，而且有最近发展区与发展的敏感期，教育不能超越儿童的发展的心理特点。

5. 实践思考：如何基于幼儿的天性进行教育

实践案例：中班的图图小朋友很挑食，在幼儿园吃饭的时候只吃自己喜欢的东西。这种情况下，我们应该怎么基于幼儿的天性进行教育呢？我们要尊重图图的喜好，让他自由选择吗？

结合情境，请大家思考：如何基于幼儿的天性进行教育

教师结合自己在实践中的经验，提出了很多方法。一方面，我们要尊重幼儿的天性，比如肯定不能硬逼幼儿吃饭；另一方面，我们也要考虑事情的结果，在遵循天性的前提下帮助幼儿养成良好的饮食习惯。这就需要我们具备一定的教育智慧，使用一些小技巧，如让幼儿自己盛饭，培养自主意识，通过语言或者其他方式鼓励他们积极尝试不同的菜品等。

（二）理解"生长"

1. 回顾"天性"研训

教师在纸上画出儿童形象，并在旁边写上"天性"理念的关键词。写完后将纸贴在白板上。大家有5分钟的时间互相参观、学习。

2. 提出问题

组织者向教师呈现了几组教师和家长的语录。

"我们班欢欢宝贝知道的东西真多，真聪明，相比较起来，牛牛好像对什么都不了解，感觉不太聪明的样子。"

"小可，你看乐乐，你应该向他学习，多说话，多交朋友，变得外向一点，这么内向、不说话可不好哦。"

"老师，幼儿园的孩子懂什么呀？他们这也不会、那也不会，有很多东西要学，还要您多费心教一教。"

教师在引导下思考以下问题：我们知道要尊重儿童的天性，但是我们也在面对很多这样的舆论压力，还会产生和上面几种观点类似的想法。我们到底应该怎么有力地回应家长和社会？幼儿应该学习什么呢？幼儿的学习和发展应该是什么样的呢？组织者指出，上述问题和课程的核心理念之一"生长"息息相关。那么，生长的内涵是什么？幼儿是如何生长的？

3. 专题讲座：生长的内涵

"生长"一词对教师来说很常见，大家对于这个词有一些朴素的认知："植物生长""万物生长靠太阳""生长发育""自由生长""野蛮生长""生长就是从小到大"……组织者在教师已有经验的基础上，向大家介绍了杜威教育思想中生长的概念。问题式学习课程中的"生长"理念体现在：问题式学习课程相信幼儿是有能力的问题解决者。尽管幼儿现在已有的经验是不足的，但是我们认为他们是在发现和解决问题中不断地成长的，是有潜力的。儿童的未成熟状态在问题式学习课程中同样寓意希望和成长。问题式学习课程注重培养幼儿内在的学习动机，幼儿主动探究、主动学习、主动对自己的学习进行自我评价。教师是支持者与引导者，尊重每一个幼儿。在这个过程中，儿童是自主地、主动地生长，而不是被迫学习。问题式学习课程通过让儿童发现和解决问题培养儿童解决问题的能力，让儿童更好地、更主动地适应社会。

随后，组织者请教师对照"生长地"理念反思自己在实践中常犯的错误。大家对于常见的教育行为中的偏差进行了总结，大致有三种。第一种，不考虑儿童的本能或者先天的能力，把未成熟状态仅仅看作一种缺乏发展的状态。第二种，不发展儿童应对新情境的首创精神，把发展看作对固定环境的静止的适应。第三种，过分强调训练和其他方法，牺牲个人的理解力，养成机械的技能。

4. 观点辨析：运用"生长"理念分析教育观点

为了帮助教师运用和实践"生长"理念，组织者请教师运用"生长"理念对几种在教育中盛行的观点和做法进行分析：哪些地方失之偏颇？如何正确地看待？并举例进行分析。

"孩子要赢在起跑线上。"

"小学的知识现在就得先学，不然到时孩子进了小学肯定适应不了。"

"别人家的孩子……/我小时候……我们家的孩子怎么什么都不会？"

为了解决问题，教师分成了三组，每组选择一个观点，开展自主学习与讨论。组长负责把握整个讨论的进程、协调组员之间的关系，记录员负责记录学习成果和讨论的想法，观察员确保话题讨论不偏离主题，发言人负责分享本组的学习讨论成果。过程中，组织者对于各组的学习进行了适时的指导，提供了文献阅读、知识点梳理等实用性建议。

自主学习结束后，组织者举行了学习成果分享交流。三组的发言人就本组选择的观点进行了分析，教师对这三个观点都保持了批判的态度，认为幼儿有一个自然生长的过程，对幼儿而言最重要的是核心素养的培养，而不是单纯的知识的学习。如果违背幼儿的身心发展规律，会造成一些不良的影响。

（三）理解"包容"

1. 回顾"天性""生长"理念

教师将"天性""生长"理念的关键词记录在A4纸上，再把A4纸贴在白板上。大家自由浏览其他老师的关键词，互相学习。

2. 提出问题

组织者向教师呈现了一个实践案例。

区域活动时间，孩子们在各个区域玩游戏。小花和菲菲在角色区，她们想玩买卖游戏，但是角色区没有钱。她们看到美工区还有位置，想去美工区画手机和二维码，用来扫码付钱。

教师看到她们从角色区来到美工区，制止了她们："选了区之后就不能换区了，你们快回角色区。"小花跟老师说了她们的想法，老师也没有同意："那也不行，不能随便去别的区。"

小花和菲菲闷闷不乐地回到了角色区，一点玩游戏的兴致也没有了。

组织者请教师思考：案例中这位老师是否做到了尊重儿童的天性，支持儿童的成长？

　　大家纷纷表示，这位教师的做法存在很多的问题，没有支持儿童的自主学习与探索，没有为儿童创设支持性的环境。

　　组织者按照教师的分析提出问题，引发教师的思考：作为教师，我们应该怎么做呢？我们应该如何理解和践行"包容"的教学观呢？

　　3. 搜集信息，自主学习：共同建构对"包容"理念的理解

　　有了"天性""生长"研训的经验，教师自发地开始分组检索学习资源，为自主学习作好准备。组织者也为教师提供了相关的学习资源，希望能够帮助大家在理解"包容"理念时有更多的角度。教师俨然已经成为了学习共同体，大家的学习状态和学习效果都越来越好了。

　　最后，教师分组分享了各组的学习成果。在组织者的引导下，大家建构了对于"包容"理念的共识。"包容"意味着理解、接纳与支持：一是理解幼儿的学习方式和发展特点，包容所谓的问题、错误与麻烦，将问题与错误视作学习的契机；二是在学习环境中为幼儿创设发现问题、解决问题的空间，提供相互支持、充满安全感与归属感、接纳每一名幼儿的精神氛围；三是通过多元角色支持幼儿多样化的学习需求，彰显每一名幼儿的个性与天赋；四是将一切可利用的学习资源纳入教育中，支持幼儿的发展。

　　4. 案例分析：感受问题式学习课程中的"包容"理念

　　理解了"包容"理念的内涵之后，教师分成三组，每组选择1个问题式学习活动案例，分析其中对于"包容"理念的体现。各组进行任务分工，组长负责把握整个讨论的进程、协调组员之间的关系，记录员负责记录讨论的想法，计时员负责把握时间，观察员确保话题讨论不偏离主题，发言人负责分享本组的学习讨论成果。小组讨论结束后，教师通过案例分析发现，在问题式学习课程中，"包容"理念主要体现在教师与环境两方面。

　　例　　　　　　　　　　　　　**菠菜有多高**

　　在这个活动中，孩子们做的本来是种植活动，但是后来他们的兴趣从种植转向了测量。老师跟随孩子们的兴趣和想法，和他们一起探究自然测量和标准测量的方法。孩子们提出测量教室里的桌椅、门框时，老师和他们一起想办法。在活动过程中，老师积极向家长反馈孩子们的活动进展，获得了家长的支持，孩子们在家里也进行了测量活动。应吸纳一切可以利用的教育资源，以支持孩子的学习。

（四）运用和实践理念

1. 梳理总结："天性""生长""包容"三者之间的关系

会场设置了一个问题板，教师可以将研训过程中产生的疑问用便笺纸记录下来，贴在问题板上，互相解答各自的问题。在研训的最后，大家围绕最受教师关注的问题进行研讨。

问题板上，有教师提出了一个共同的疑问：为什么是这三个词呢？这三个词之间有什么关系吗？

最后，组织者以教师提出的问题为基础，和教师一起对这三个词的关系进行了探究，形成整体的课程理念。天性是对我们的儿童观的概括。课程充分体现以幼儿为中心的理念，要支持幼儿的学习与发展，我们就要了解儿童的学习与发展的特点与规律。生长是我们的学习与发展观的精髓，孩子们在发现和解决问题中能充分实现各类有益经验的生长。那么，教育者何为？包容则是我们教学观的浓缩。

2. 反思与计划：制作KSS清单

教师以班级为一个小组，结合"天性""生长""包容"理念的学习，反思并完成KSS清单。

- 以往的实践中，你的哪些行为体现了理念，值得继续保持？（keep doing）
- 你的哪些行为与理念相悖，需要立即停止？（stop doing）
- 在互相交流学习的过程中，你发现了哪些新做法可以开始尝试？（start doing）

教师先独立完成第一、第二个问题，记录在纸上。随后小组成员可以互相交流，学习其他人的做法，完成第三个问题。

三个问题完成后，每个人将自己的KSS清单放在桌上，大家自由浏览其他人的KSS清单，并至少对3位老师的清单作出正面的反馈。

> **例**　　　　　　　　　　　**罗老师的KSS清单**
>
> 值得继续保持的行为：孩子们不愿意参加活动的时候，我不会强迫孩子，会尊重他们的想法。他们可以短暂地游离在活动之外，等到做好准备再参与进来。我也会反省是不是自己的活动设计得不够好，才会导致有孩子不愿意参加，而不是强迫孩子必须加入。
>
> 需要立即停止的行为：有的时候我会用奖励贴纸的方式来进行班级管理，我觉得这样有可能会把孩子的内在动机消磨掉，以后我要停止用贴纸来改变孩子的行为。
>
> 可以开始尝试的新做法：在问题式学习活动中，李老师会鼓励每一个孩子表达自己。如果有的孩子不好意思说话，她会请孩子用图画的方式表达，还有的孩子可以用舞蹈的方式表达自己。我觉得，我也可以尝试倾听孩子的一百种语言。

KSS 清单

KSS 清单是用来支持教师梳理已有经验和聚焦问题的工具，教师在K（keep doing）写下值得继续保持的行为，在S（stop doing）写下需要立即停止的行为，在S（start doing）写下可以开始尝试的新做法。在这个过程中，教师对自己的教育理念和教育行为进行反思和澄清，为接下来的有效的师幼互动打好基础。运用 KSS 清单时需要注意的是：先请教师自主完成自己的 KSS 清单，再进行团体分享，可以让教师在倾听的过程中查漏补缺；制作 KSS 清单的过程中不要求教师面面俱到，但一定得是自身反思的结果，这有利于教师在后续的实践中有意识地改进自身的教育行为。

3. 实践运用：改善教育实践

研训结束后，教师开始实践KSS清单。研训组跟班进行观察，了解教师在实践KSS清单的过程中遇到的问题，并给予及时的支持与引导。同时，通过观察教师的实践评价研训效果，了解他们对于理念的理解以及在实践中的表现。

罗老师不再只是请孩子们用语言进行表达，在问题式学习活动中，她鼓励孩子们用各种方式表达自己。在一次对水的探究中，有的孩子用语言表达了水的流动状态，有的孩子用身体动作表现水的流动，有的孩子用绘画作品表现水的流动，还有的孩子在积木区搭建了流动的水的立体造型。罗老师在活动总结反思中提到，当真正实践"天性""生长""包容"理念时，她发现了孩子的不一样的形象。她坚信孩子是有能力的问题解决者，更愿意和孩子进行对话以了解孩子的想法，在此基础上开展教育活动。

四、评价

本次"天性""生长""包容"理念研训帮助教师澄清了自己的儿童观、学习发展观、教学观。通过自主学习、专题讲座、观点辨析等研训方式，教师对于教育理念有了更深入的理解与认识。通过对照理念反思和改善教育实践，教师真正将理念与实践进行了联结，逐步学会用理念指导实践，从实践中分析、提炼背后的理念。

"研训前，我觉得这是三个很简单的词，只从字面理解，并没有深入地思考三个词背后的意义。经过研训，我对于孩子的生长有了特别深刻的感受。每个孩子都是独一无二的，有自己成长的节律。以后在面对家长的担忧和焦虑的时候，我更清楚怎么引导家长了。"（杨老师）

"培训之后，我发现理念并不遥远。实践案例分析让我觉得，理念就在我们的一日

生活和实践中体现着。我们要时刻注意用理念武装头脑、用理念指导实践，不能只是把它当成口号来喊。"（温老师）

"研训前，我只是知道要'以幼儿为中心'，要尊重幼儿的天性，但是并不清楚幼儿是什么样的以及天性的具体内涵。研训后，我清楚了什么是天性以及我们应该如何基于天性进行教育。天性并不意味着放任，教师在面对具体的情境时要学会灵活地实践理念。"（方老师）

在学习过程中，教师阅读了许多的经典著作，专业素养得到提升。在共读过程中，教师学习了阅读方法和策略，自主学习能力也得到了提升。在小组学习过程中，每个小组都有角色分工，在研讨中发展了交流沟通与合作能力。

〜 案例2：儿童中心的问题式学习特色 〜

一、确定问题

儿童的真实生活便是充满问题的世界，问题是乔装的学习契机，幼儿在问题解决中获得学习与发展。"以幼儿为中心"和"基于问题的学习"是问题式学习课程的两大基本原则。

情境1

中二班小超市角色区里，彦彦和小清买了一些东西。彦彦高兴地把自己买来的东西一件件摆在桌子上，数了数有多少之后，小清提议说："我们用买来的东西搭房子吧！"彦彦听了兴奋地说："好啊！"两个小朋友在旁边搭房子，玩得不亦乐乎。吴老师看到了，过来制止他们："小超市只能玩买东西的游戏，不能玩搭建游戏。如果你们想搭建，下次可以选积木区。"彦彦和小清听了吴老师的话，不情不愿地把摆在桌子上的东西收起来放回小超市。

情境2

在一次集体备课中，教师提出了以下的困惑："孩子们好像没有问题，我总不能硬逼他们提问题吧？""孩子们提了那么多问题，应该探究哪个问题呢？""所有的问题都得是孩子问出来的吗？""不同的孩子有不同的问题，怎么办呢？""没有问题就不能开展活动了吗？"

教师对"以幼儿为中心"的内涵并没有真正理解。长期以来的教学惯性使教师的教育理念和教育行为不一致，习惯性地采取教师完全主导、高结构的教学。另外，有的教师认为"以幼儿为中心"就是完全不管幼儿，还有的教师在教师指导和跟随幼儿之间犹疑……

教师在教研过程中提出了很多在实践中遇到的真实问题，从中可以看到：教师虽然认可"基于问题的学习"，但是对于认识这一理念以及如何将这一理念落实到实践中依然存在困难与误区。

由此，研训组组织开展了儿童中心的问题式学习特色研训，和教师一起通过自主学习、小组研讨、集中学习、案例分析等形式理解原则、做好实践。

二、开发研训方案

（一）拟订教师学习目标

第一，掌握"以幼儿为中心"和"基于问题的学习"的内涵。

第二，理解"以幼儿为中心"的价值、问题对幼儿学习的价值。

第三，在实践中体现"以幼儿为中心"和"基于问题的学习"的课程特色。

（二）确定研训形式

角色体验：教师通过角色体验亲身感受不同理念下的教育，对"以幼儿为中心"和"基于问题的学习"理念的价值有直观的体验。

主题阅读：围绕主题，共读学习学前教育思想经典著作，阅读相关信息资源，运用思维导图等认知工具进行梳理，扩展理解，提高教师专业素养。

案例分析：以小组为单位，对实践案例进行分析研讨。

集中学习：采用参与式培训的方式，在教师学习基础上帮助教师深入理解理念。

（三）准备教师学习资源

组织者在幼儿园图书室搜集了以幼儿为中心及问题解决的相关书籍，并补充了一批新的书籍，如《儿童的一百种语言》《学校与社会·明日之学校》等。同时，在中国知网等平台搜集下载了相关的文献，并将信息搜集的途径提供给老师，支持老师结合自身学习需要自主搜集信息资源。

三、开展研训

（一）"以幼儿为中心"理念研训

1. 认识问题，分析问题

全体教师扮演幼儿，组织者扮演教师，请全体教师体验学习和探索过程中的三种不同的师幼互动形式。

第一种形式：组织者请教师一步步按照她的形式进行植物观察，所有的步骤都必须一模一样，只提封闭性问题，只需要教师回答"是"或"否"，教师有其他的想法时不予理会，有其他的行动时严厉制止。

第二种形式：组织者让教师做任何自己想做的事情，不做任何介入，只在旁边站着。

第三种形式：组织者发现教师对植物感兴趣，于是和大家一起进行植物观察，在过程中询问教师如何观察植物，并适时提出一些自己的想法。有的教师在做其他的事情，组织者并不强制其参加；有的教师中途加入，组织者也十分欢迎。最后，组织者提议将观察植物的流程记录下来，教师可以使用手机录制、绘画、描述等形式。

体验结束后，组织者请教师分享在三种形式中的感受。

在第一种形式中，有教师提到感觉很不舒服："我只能按照老师的要求来做，不能有自己的想法，感觉很没意思。"在第二种形式中，大部分老师觉得"不知道该干吗""感觉有没有老师都是一样的，没有感觉到老师的作用"。教师对第三种形式的反馈最好："我觉得自己很自由，可以选择加入或者不加入""我既有自由，又有老师的支持，我很享受这个过程"。

组织者请教师进一步思考：三种形式背后的教育理念是怎样的？

教师都赞同第一种形式是以教师为中心的，但是对于第二、第三种形式是不是以幼儿为中心出现了争议。部分教师认为第二种形式是以幼儿为中心的，但是也有教师认为第二种形式是放任幼儿，并不是以幼儿为中心。大多数教师认为第三种形式中幼儿的状态很自由，是以幼儿为中心。但是也有教师认为以幼儿为中心就不可以出现教师的引导。针对教师的争论，组织者顺势提出自己的观察：教师对于什么是以幼儿为中心还存在很多困惑。

有教师提出，这就是自己一直困惑的问题：教师不能干预太多，也不能什么都不做，那到底怎样才是以幼儿为中心呢？

由此，教师聚焦本次研训的核心问题：如何理解"以幼儿为中心"？

2. 拟订学习议题

为了了解教师的已有经验，组织者请大家将自己当下对"以幼儿为中心"的理解以关键词和短语的形式记录在便笺纸上，写完后贴在白板上供大家分享。

便笺纸上出现频率比较高的词语有：尊重、放手、自主、自由……

组织者抛出问题：要深入理解"以幼儿为中心"的理念，还需要学习什么呢？教师共同拟订了学习议题：

- 为什么要以幼儿为中心。
- 以幼儿为中心的内涵。
- 实践以幼儿为中心的策略。

3. 自主学习与合作学习

（1）自主学习与集体分享："主题阅读"初步理解理念

拟订学习议题后，组织者引导大家思考：印象中有哪些教育家的理论是以幼儿为中心的？教师根据自己平时的了解，提出了一些教育家的名字：杜威、蒙台梭利、维果茨基、皮亚杰、陈鹤琴……

以上几位教育家是"以幼儿为中心"理念的倡导者，其相关理论是帮助教师理解"以幼儿为中心"的重要依据。组织者请教师分组，每组选择一位教育家的理论进行主题阅读，了解其"以幼儿为中心"思想的实质，从而避免对于概念的狭隘理解。在主题阅读的过程中提升理论素养，从而更深入地理解"以幼儿为中心"。

①形式：不同年龄、年级教师分组，每组6人；每组选择一位教育家的思想进行为期2周的共读；阅读+研讨+实践反思。

②组织者的支持：组织者为教师确定重点阅读的章节；每组有一位年级长或研究员参加共读分享、提供阅读策略，在共读分享中进行主持、引导。

③主题阅读要点：围绕"以幼儿为中心"进行思考、阅读、讨论，理解"以幼儿为中心"的基础、内涵。

④分享：各组梳理本组共读成果，形成展示文稿，进行集中学习，分享学习成果；整合各组学习成果，建构对"以幼儿为中心"理念的共识。在教师分享完本组主题学习的成果后，组织者补充了心理学、学习科学领域的相关内容，以便教师对"以幼儿为中心"理念有更为系统的理解。

下面以其中一个小组的共读实践为例。

第四小组共读实践记录表

1. 学习主题

杜威的"儿童中心主义"。

2. 共读成员

小班教师2名、中班教师2名、大班教师2名，其中新教师3名、老教师3名。

3. 学习资源

教师结合组织者提供的学习资源，在中国知网平台搜索下载了相关的文章辅助阅读与学习。

4. 学习形式

小组成员每人选择重点阅读的章节或文章，自主阅读后从中梳理杜威的"儿童中心主义"，每周2次小组研讨，每次1位教师结合自身教育实践分享学习内容。小组研讨前，分享者与年级长交流分享内容，年级长给予相关支持。

5. 小组研讨实录

研讨主题：杜威"儿童中心"思想中的教师角色

研讨记录：

刘老师分享学习成果：杜威主张教育即生活、教育即生长。他认为，学校要通过组织保证儿童继续生长的各种力量使教育得以继续进行。为此，他提出了"儿童中心主义"的教育思想，即一切教育活动都应以儿童为中心，服从于儿童的兴趣和经验的需要，采取必要的教育措施促进儿童的生长。为了促进儿童的本能的发展，他主张"从做中学""从经验中学"，让儿童活动起来去获得生活和适应社会的经验。

刘老师特别提到杜威"儿童中心主义"中对教师的角色定位："这次学习让我意识到了之前实践中的误区。本以为如果'以幼儿为中心'，教师就是一个旁观者。但是很显然，'以幼儿为中心'需要更专业的教师。"

其他教师针对刘老师的分享表达自己的观点。张老师提出，在《学校与社会·明日之学校》这本书中，杜威提到教育包含"心理的"和"社会的"两个方面，二者不可偏废。我们在进行教育的时候不仅要考虑幼儿的发展特点和兴趣，还要考虑社会文化对儿童发展的期望，所以教师肯定不能无所作为。陈老师认为，"以幼儿为中心"意味着幼儿的学习在前，但是教师一定是有准备的教师，要考虑孩子当下的需要，还要支持幼儿适应未来的社会生活，这才是真正的"以幼儿为中心"。

（2）集中学习："案例分析"结合理念与实践

全面理解"以幼儿为中心"的内涵后，组织者与教师共同结合案例进行分析，将理念与实践结合，真正在实践中感受理念。

案例一：午睡的时候，总有几名幼儿大声玩闹、不睡觉。作为老师，哪种做法是符合"以幼儿为中心"的？哪种做法是不符合"以幼儿为中心"的？

做法1：孩子们睡不着，那就让他们玩吧，尊重他们的选择。

做法2：提醒他们不要吵了。

做法3：讨论这种行为会带来什么影响，了解不睡觉的原因，和大家一起讨论睡不着怎么办。

做法4：孩子不睡觉怎么行，还影响别人，必须睡，强迫睡。

做法5：太过分了，不睡觉还这么吵，我都不能玩手机了，狠狠地训一顿，强迫睡。

大家一致认为：做法3是符合"以幼儿为中心"理念的；做法1是放任幼儿；做法2和做法4只简单提出要求，使幼儿被动执行，容易让幼儿产生消极情绪，且不利于幼儿自觉养成好的行为习惯；做法5则是完全"以老师为中心"的错误做法。

案例二：教师和幼儿在木工区做船时，突然有一只蝴蝶飞了过来。幼儿发现之后，对蝴蝶产生了巨大的兴趣。作为教师，哪种做法是符合"以幼儿为中心"的？为什么？哪种做法是不符合"以幼儿为中心"的？

教师列举了以下三种做法。

做法1：完全抛弃木工区的活动，随幼儿的兴趣去看蝴蝶，之后也不做船了。

做法2：允许幼儿观察蝴蝶，同时尝试把幼儿突然出现的兴趣与当下的活动联系起来，将幼儿带回做船的活动。

做法3：让幼儿别看蝴蝶，专心做船。

教师指出：做法2是最遵守"以幼儿为中心"的原则的；做法1在幼儿对木工区活动完全不感兴趣时是可取的，但是如果每次都完全跟随幼儿的兴趣，可能会导致幼儿的学习难以持续和深入；做法3则是完全不顾幼儿的兴趣和特点。

（3）小组学习："集体研讨"明晰实践困境

案例分析之后，陈老师提出实践"以幼儿为中心"的难题："我也想做到'以幼儿为中心'，可是现实中有很多的问题，比如安全问题、师幼比问题。面对这些现实问题，我们应该怎么做才不违背'以幼儿为中心'的理念呢？"

一石激起千层浪，陈老师的话说出了一线教师的心声。理想很丰满，现实很骨感，现实中有很多问题阻碍了"以幼儿为中心"理念的实现。这些问题能否得到有效策略的支持，是教师实践理念的关键。

由此，组织者请教师思考：在哪些现实的具体情境中，你觉得很难实践"以幼儿为中心"？

教师将自己遇到的现实困境记录在便笺纸上，大家可以互相浏览。教师提出了很多实践困境，如"进餐时，有的幼儿挑食、偏食""活动中幼儿突然有不同的想法，但是所准备的材料也不支持""谈话活动中允许幼儿自己表达想法，但是幼儿无法理解别人的想法时不愿意听，以及有些幼儿会一直说"……

组织者和教师共同梳理了所有的问题，发现现实困难主要集中在五个方面（见图4-1）：

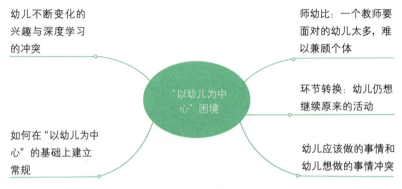

幼儿不断变化的兴趣与深度学习的冲突

师幼比：一个教师要面对的幼儿太多，难以兼顾个体

"以幼儿为中心"困境

环节转换：幼儿仍想继续原来的活动

如何在"以幼儿为中心"的基础上建立常规

幼儿应该做的事情和幼儿想做的事情冲突

图4-1 "以幼儿为中心"困境思维导图

梳理后，大家对便笺纸进行了分类整理。不同教师遇到的问题不同，一名教师遇到的问题也许在另一名教师那里已经得到了解决。所以，组织者决定充分发挥教师的实践智慧，每组教师选择一类自己擅长的问题，为这个问题提供尽可能多的实践策略，积累一批针对具体问题的实践资源，帮助教师提炼实践智慧、提升反思能力。

各组认领问题后，结合教师提到的具体情境提出具体的策略，每天研讨2-3个具体情境，并将策略记录下来。年级长参与各组讨论，把握策略的科学性与适宜性。

4. 建构策略，解决问题

经过本轮研训，教师最后梳理形成了"以幼儿为中心"问题及策略集。以下为教师梳理的策略举例：

问题： 开展问题式学习活动时，孩子的兴趣总是变来变去，难以进行深度学习。

策略： 持续对幼儿进行观察评估；为幼儿创设有挑战性、有准备的学习环境；可以在观察幼儿兴趣的基础上提出一些引导性的问题；接纳幼儿学习过程中的兴趣转移；将幼儿新的兴趣与原来的活动进行链接；如果幼儿确实对原来的活动不感兴趣，那么可以开展新的探究。

（二）"基于问题的学习"理念研训

1. 认识问题，分析问题

组织者请大家观看一段视频《菠萝冰》，视频讲述的是一个小女孩去卖菠萝冰，但是没有人买，她想办法解决问题的过程。看完之后，组织者请教师分析。

① 故事里的小女孩遇到了什么问题？

菠萝冰没人买怎么办?

② 小女孩的妈妈做了什么?

让小女孩看看市场里的人是怎么做生意的。

③ 最后小女孩解决问题了吗? 你觉得在这个过程中她学习到了什么?

她学会了如何推销自己的产品。

她最后很开心,她的自我效能感增强了。

她知道了遇到问题可以去向有经验的人学习。

2. 拟订学习议题

在分享完自身经验并进行案例分析后,组织者引出本次研训的主题: 我们的课程是"问题式学习课程",我们十分重视问题对幼儿学习与发展的价值,支持幼儿开展"基于问题的学习",那么我们如何理解"基于问题的学习"呢?

随后大家共同拟订了本次学习的学习议题。

- 问题与问题解决的内涵。
- 问题与问题解决对幼儿学习与发展的价值。
- 儿童问题解决的心理机制。
- 开展"基于问题的学习"的基本原则。

3. 自主学习与合作学习

(1)自主学习与集体分享:"主题阅读"初步理解"问题式学习"理论

教师首先分组开展文献主题阅读,围绕问题与问题解决的内涵、价值及儿童问题解决的心理机制进行主题阅读。

各组教师在不重复的原则下自主选择重点阅读的书籍和文章,在自主学习的基础上开展小组研讨,先在组内分享学习成果、达成共识,随后在集中学习时进行集体分享。小组学习结束后,组织者开展了一次集中学习。大家分享了自己的学习成果,围绕学习议题在以下方面达成了共识: 问题与问题解决的内涵,问题与问题解决对孩子学习与发展的价值,幼儿问题解决的特点,幼儿问题解决过程遵循的步骤。

(2)集中学习:"案例分析"提炼策略

在理论学习的基础上,教师在微信公众号、书籍、学前教育APP及幼儿园案例库中搜集了一批优秀案例:《河马挑战做饺子》《狮子的肖像》《制作车牌》《我是小警察》《养鸟还是放鸟》《屁屁不疼》《甘蔗有多高》……

为了帮助教师围绕"基于问题的学习"进行案例分析,组织者为大家提供了案例分析支持工具——案例分析模板,提醒大家在分析案例时重点思考以下几个方面的问题。

- 问题情境是什么?

- 谁提出了问题？
- 问题是什么？
- 幼儿是怎样解决问题的？
- 幼儿在解决问题的过程中获得了怎样的学习与发展？
- 在幼儿解决问题的过程中，教师的角色是怎样的？

以《我是小警察》为例：

- **问题情境是什么？**

教师在上午大班户外活动的过程中发现，幼儿常常会出现争吵、打闹等行为，而且有些幼儿不清楚每个户外游戏区域的游戏规则，导致游戏难以尽兴。由此，幼儿提出在户外活动期间需要"小警察"来帮助维护一个安全、有序的游戏环境。

- **谁提出了问题？**

问题是幼儿提出来的，教师对问题进行了梳理和澄清。

- **幼儿是怎样解决问题的？**

幼儿认真地了解了警察这一职业的工作内容与工作职责，并将其迁移到幼儿园"小警察"中，确定了"小警察"的职责与义务，认真学习了各个户外游戏区域的规则，还学习了礼貌用语。随后，通过在各个班进行户外游戏规则的宣讲、去各个户外游戏区域轮值等初步解决了问题。后来，幼儿的警察游戏越来越深入，滚动产生了一系列有趣的复杂问题。最后幼儿还搭建了一辆会动的警车。

幼儿解决问题经历了认识问题→讨论问题→提出解决方案→实施解决方案→反思这样的循环过程。

- **幼儿在解决问题的过程中获得了怎样的学习与发展？**

首先是社会认知，幼儿了解了警察，并且十分尊重这个职业；其次，幼儿的社交能力得到了发展，他们在宣讲、户外轮值的过程中学习如何与人沟通，在解决问题的过程中学习如何和小伙伴合作；最后，幼儿的信息素养、问题解决等能力得到了发展，他们知道了如何搜集信息，更有信心解决问题，自我效能感也得到了提升。

- **在解决问题的过程中，教师的角色是怎样的？**

教师是幼儿解决问题的支持者、学习环境的创设者、讨论与分享的组织者，陷入僵局时，教师会通过引导性问题推动活动的发展。但是在过程中，教师一直让幼儿拥有问题，而不是替幼儿解决问题。

最后，教师结合案例，建构了支持幼儿发现问题、解决问题的基本原则：提供有准备的环境，鼓励幼儿提出问题，做一个"无知"的教师和幼儿一起探索，放手让幼儿进行探索，进行适时的引导与促进。

四、评价

在"以幼儿为中心"理念研训中，通过组织教师开展研讨认识问题、分析问题。教师通过角色扮演的形式直接体验不同理念下的师幼互动形式，转变角色体验学习者的身份，从而聚焦核心问题。随后，教师通过主题阅读的形式深入了解"以幼儿为中心"的内涵、通过实践反思和案例分析将抽象的理念与实践结合。最终，教师充分理解了"以幼儿为中心"的原则，并能在实践中进行分析和运用。在"基于问题的学习"研训中，文献阅读扩展了教师对"基于问题"的理解，案例分析则帮助教师更直观地感受到了问题的价值。两个研训的过程中，教师的信息素养、自主学习能力、沟通合作能力得到了提升，实践反思提升了教师的元认知能力。

"这次研训最大的收获是重新理解了'以幼儿为中心'的基本原则。在研训前，我在和孩子们的互动过程中一直缩手缩脚，不知道该怎么支持孩子的学习，总觉得自己如果介入太多就会破坏孩子的自主性。这次研训让我明白了教师怎样做才是真正的'以幼儿为中心'。"（张老师）

"研训前，我虽然也知道要'以幼儿为中心'，但是现实中有太多的阻碍让我难以'以幼儿为中心'，有的时候我会觉得很气馁。这次研训，大家把实践中遇到的问题都说了出来，而且通过集体的智慧形成了丰富的实践策略。我感受到理念不再只是理念，而且在遇到困难的时候也更有信心去解决问题，因为团队的力量是强大的。"（刘老师）

"主题阅读提高了我的信息素养，我在主题阅读的过程中针对一个主题搜集更全面的资料，学习比较、分析不同的观点，了解不同的视角，锻炼了我独立思考的能力。在后面分享的过程中，我又听到了其他老师的不同看法，很多有价值的东西在交流中不断地流动、生成，使我感受到了共同学习的价值。"（侯老师）

第五章 课程目标研训

∾ 案例1：问题式学习课程目标概览 ∾

一、确定问题

课程目标回答了问题式学习课程"要培养什么样的人、着重培养幼儿哪些方面的能力"这一关键问题，是课程的指南针，指引着课程实践的方向。教师是连接课程与幼儿的桥梁，只有当教师理解并认同课程目标时，他们才能在一日生活的组织中、在室内外游戏的指导中、在问题式学习活动的开展中潜移默化地引导幼儿朝着我们期望的方向发展。

组织者发现，教师在日常教育实践中遇到的很多真实问题都与教师缺乏对课程目标的认识和理解有关。例如，写观察记录时，不知道怎样通过观察到的现象分析幼儿的发展水平；设计问题式学习活动时，缺乏目标意识，或不知道怎样确定适宜的学习目标。问题式学习活动中制订的目标偏认知取向，主要关注知识点的学习，对幼儿的学习品质关注得不多。不知道如何评估班级幼儿的学习与发展水平并据此制订本班幼儿学习与发展计划。年轻教师与家长沟通时，最怕家长问"我家孩子发展得怎么样"。

课程目标是教师组织一日生活和游戏、设计问题式学习活动的重要参考，因此，有必要通过研训帮助教师掌握目标的构成，理解每一个目标的内涵和外延，为设计教学活动提供指引，确保课程目标在教学实践中得以实现。

二、开发研训方案

（一）教师学习目标

• 理解并掌握幼儿六大核心素养和五大领域目标的内涵，及其所包含的子目标、要素的内涵。

•能够在实践中灵活运用目标体系。

（二）学习资源

为了帮助教师深入理解并掌握课程目标，组织者为教师提供了多样的学习资源，包括自主梳理的问题式学习园本课程资源、相关书籍和文献。同时将信息搜集的途径提供给教师，支持教师结合自身学习需要自主搜集更多的信息资源。

（三）研训形式

自主学习：教师自主学习组织者提供的相关资源，阅读、提炼有价值的信息。

小组讨论：小组交流讨论，加深对目标的理解。

总结提升：组织者在教师自主学习与小组讨论的基础上进行总结提升。

实践应用：集中研训后，教师在实践中应用目标体系观察评价幼儿，发现问题、解决问题。

三、开展研训

（一）视频导入，引发思考

研训伊始，组织者播放了一段展现科技迅猛发展以及未来社会发展趋势的视频，并抛出了两个引导性问题请教师思考。

问题1：当今时代发生了哪些变化？

问题2：为了培养适应未来社会的人，哪些能力是最为重要的？

观看视频后，组织者请教师分享了对第一个问题的认识，并引导教师思考第二个问题，写出关键词。

经过3分钟的自主思考和小组讨论，教师分享了自己想到的关键词及选取的理由。

"我觉得未来最需要的是想象力和创造力，从这些年社会的飞速发展就可以看出，只有想不到，没有做不到，知识的获取越来越容易，想象力和创造力才是最珍贵、最有价值的。"

"我认为创造性解决问题的能力越来越重要，要打破常规思维，勇于接受挑战，善于解决问题。这些年新兴的创客、STEM，都是在鼓励创造性地解决问题。"

"现在的社会是高度信息化的社会，每个人都要掌握信息技术、会用信息工具，我觉得可以称为信息能力吧。"

"社会越来越开放了，人与人之间需要合作的地方越来越多，因此学会与人沟通与合作非常重要。"

"知识的更新速度太快了，在学校学的知识可能过不了几年就过时了。人们需要不断地学习新知识，终身学习，这就需要从小培养自主学习能力。"

"我认为自我反思的能力也是非常重要的，反思能使人从以往的经验教训中学习，以便及时调整到一个比较好的状态。会反思的人更容易成功。"

......

创造力　合作能力　沟通能力　信息能力　问题解决能力　自主学习能力

批判性思考力　反思能力　探究能力　想象能力　终身学习能力　领导力

组织者对大家的想法进行了总结提升：当我们站在时代发展需求的角度思考最重要的培养目标时，大家都聚焦在跨领域综合能力的培养上，而不是关注具体的知识技能的获得。世界多个国家、国际组织早已关注到了人才培养需要发生的变革，相继进行了学生核心素养框架的研究，注重培养幼儿的团队合作能力、信息素养、语言能力、问题解决能力、创新能力等素养已成为了全球共识。

幼儿园问题式学习课程综合考虑了社会发展对人才核心素养的需求、同时结合我国《3—6岁儿童学习与发展指南》五大领域的内容，最终将幼儿园问题式学习课程目标划分为核心素养与领域目标两个部分。其中，核心素养包括好奇心、合作问题解决、交流沟通、想象创造、信息素养、元认知六大素养，领域目标包括身体健康和动作发展、语言、认知、社会—情感、审美五大领域。

视频学习

视频具有直观性和生动性，能给人带来强烈的视觉冲击，可以在较短的时间内传达丰富的内容，让教师直观且深刻地认识到时代的发展与需求，从而引发教师深入思考新时代的培养目标，其效果优于组织者单纯的讲解。

在研训中使用视频应注意以下几点。

第一，精心挑选视频，视频内容应与研训需要紧密结合。

第二，视频的时间不宜过长。

第三，在观看视频前提出引导性问题，引导教师有目的地观看视频，获取信息。观看视频后，鼓励教师充分地表达自己的思考。

（二）多种方式理解课程目标内涵

教师在组织者的引导下开展对课程目标的学习和研讨。问题式学习课程包括核心素养和领域目标，为保证学习质量，每次学习其中的1—2条目标。根据每条目标的不同特点，选择不同的研训形式。下面列举好奇心、交流沟通的研训过程。

1. 好奇心

（1）绘制"好奇小人"

教师基于对好奇心的理解绘制"好奇小人"，体现好奇心的若干特征，并写出与好奇心相关的词语（见图5-1）。

引导性问题：

请根据自己对好奇心的理解，在纸上画出一个或若干个"好奇小人"，并写出你能想到的与好奇心相关的词语（如兴趣、关注等）。

• 尽可能全面地思考好奇心的要点。

• 呈现形式自定，完成后贴在本组的KT板上。

• 走一走，看一看，看看大家心目中有好奇心的幼儿是什么样的。

• 时间：10min。

图5-1　引导性问题

部分教师绘制了"好奇小人"及关键词（见图5-2、图5-3）。

词语：
这是什么？
我想知道！
请告诉我！

图5-2　"好奇小人"及关键词例一

图5-3　"好奇小人"及关键词例二

（2）自主学习好奇心及其子目标的内涵

在充分调动已有经验的基础上，组织者为教师提供《问题式学习课程目标一览表》以及好奇心参考资料。教师自主学习好奇心的内涵、子目标，用关键词提炼该目标强调的要素，并对照自己的原有理解。教师在小组内交流，汇总关键词，绘制思维导图（见图5-4）并分享。

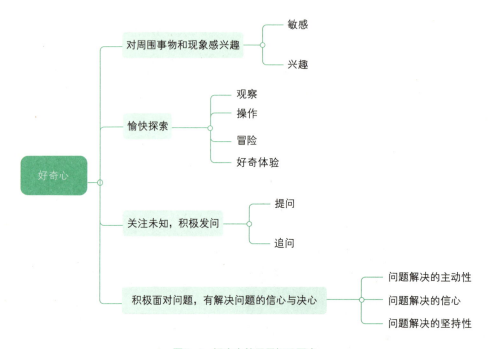

图5-4　好奇心的子目标及要素

（3）总结提升

组织者根据教师的理解情况补充讲解，并帮助教师梳理、理解好奇心四条子目标的逻辑关系（见图5-5）。

好奇心首先表现为幼儿对生活中新奇、有趣的事物和现象感兴趣（目标1）。产生兴趣后，为了对感兴趣的事物有更多的了解，幼儿可能运用多种感官和学习方式开展一些探索活动（目标2）。探索中幼儿会产生认知失衡，形成认知差距，从而主动提出问题式追问，对问题解决产生热情和渴望（目标3）。问题解决过程中，幼儿可能会遭遇一系列的挫折和挑战，但幼儿不轻言放弃，通过调整策略和情绪接续未完成的任务，表现出一定的自信心、主动性和坚持性（目标4）。

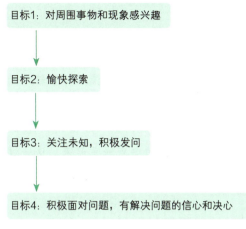

图5-5 好奇心四条子目标的逻辑关系

2. 交流沟通

（1）自主学习交流沟通及其子目标的内涵

组织者为教师提供《问题式学习课程目标一览表》以及交流沟通参考资料。教师自主学习交流沟通的内涵、子目标，绘制思维导图（见图5-6），用关键词提炼该目标强调的要点（即要素）。

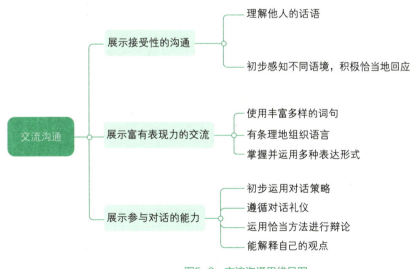

图5-6 交流沟通思维导图

（2）情景表演，分享对各个目标的理解

学习了解了交流沟通的要点后，教师以表演的形式分享对交流沟通的理解。教师扮演幼儿，小组合作表演一个能体现交流沟通的要点的片段，并对表演的片段进行讲解和分析。

情景表演

情景表演是幼儿园教师喜闻乐见的一种形式，能够把要学习或讨论的内容以直观有趣的形式呈现出来，吸引教师的注意力，使教师在轻松的氛围中学习。为了完成表演任务，教师会进行积极主动的思考。例如，在本次研训中，教师一方面要思考交流沟通的要点有哪些、如何体现，另一方面要回想带班过程中观察到的幼儿的表现，将幼儿的表现与交流沟通的要点联系起来。这一过程不仅强化了教师对交流沟通的要点的理解，而且为教师在实践中运用目标分析幼儿行为表现奠定了基础。

运用情景表演时需要注意以下两点。

第一，明确情景表演的目的，提前提好要求。例如，本次研训中情景表演的目的在于加深对交流沟通的要点的理解，组织者应提前告诉教师要尽可能多地表现要点。

第二，重视情景表演后的分析和解读。

（3）总结提升

组织者带领教师共同梳理、归纳交流沟通的要点及幼儿发展特点，梳理、理解交流沟通三条子目标的逻辑关系（见图5-7）。

交流沟通是双向的，既有输出，也有输入，幼儿的交流沟通能力既表现为会理解他人（目标1），又表现为会向他人表达自己（目标2）。此外，交流沟通是人与人之间的社会互动，强调交流双方的信息输入和输出，这正是目标3所强调的"对话"。

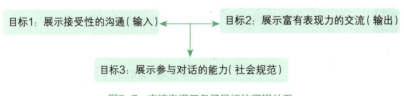

图5-7 交流沟通三条子目标的逻辑关系

（三）在实践中对应用目标进行观察与评价

经过研训，教师对于核心素养和领域目标及其子目标的内涵和关系有了基本的理解，接下来就要有意识地在实践中应用目标观察与评价幼儿。

在原有观察记录表的基础上，教师有意识地对照《课程目标一览表》对观察到的幼儿行为进行解读，分析这些行为体现了幼儿哪一方面的发展。《课程目标一览表》对每一条目标和子目标都进行了编号，教师可以在观察记录中用小括号标注对应目标的编号。在"下一步计划"中，教师有意识地从目标出发，思考如何促进幼儿进一步的学习与发展。

下面列举一位教师运用目标一览表对幼儿区域游戏的观察分析（见表5-1）。

表5-1　观察记录表

观察时间	2019年5月15日下午	观察地点/场景	班级收集发现区
观察对象及年龄	骏骏　3岁	观察者	侯老师

观察记录：

下午区域活动开始了，骏骏小朋友选择收集发现区玩起了石头。他准备把石头垒高，但是石头不稳，一直在倒下来。骏骏没有放弃（目标2.4），开始拿起石头"研究"起来，东看看西看看，用手把每块石头摸了个遍（目标2.2）。一次次尝试后，他找到了小技巧——扁平的石头才能稳稳地不倒（目标7.1）。

过了一会儿，骏骏不想玩了，他把石头推倒了，准备收拾整齐。这时候，他把手弯成一个小爪子的样子，手臂抬得很高，移到石头上，然后垂直降落，把石头抓到篮子里面，嘴里一直念"娃娃机，启动"（目标4.1，目标4.2）。

分析：

石头是周围世界中常见事物，在生活中运用广泛。幼儿在观察发现区可以通过各种方式（如看、摸、闻、找）感知石头的基本特性（目标2.2），体验玩石头的乐趣（目标2.1）。整个活动过程时长15分钟，持续时间不长，但骏骏的注意力一直很集中（目标2.2）。当他想要垒高石头却一直失败时没有放弃（目标2.4），而是运用多种感官探索石头的特性（目标2.2），发现了扁平的石头才能垒高（目标7.1）。在结束活动、收拾材料的过程中，骏骏用了自创的"抓娃娃"游戏方式，把石头一块块抓回篮子里，这样以物代物的行为也增加了游戏的变化性和趣味性（目标4.1，目标4.2）。

下一步计划：

1. 区域分享时，请骏骏分享本次进区的玩法及垒高石头的成功经验。
2. 和骏骏讨论石头的多种玩法。
3. 鼓励骏骏挑战更高难度，如搭得更高或探索不太扁的石头如何垒高。

四、评价

此次研训聚焦问题式学习课程的关键要素之一——课程目标，采用理论学习与实践反思相结合、自主学习与组织者讲解相结合的研训方式。教师一边进行理论学习，一边进行实践应用。在发现问题、解决问题的过程中，教师对目标的理解不断深入，运用目标的能力不断提升。

"以前写观察记录时，总是事无巨细地记录幼儿的各种行为，但是不清楚自己到底想要了解什么、这些信息可以说明什么，不会评价。本次研训列出诸多目标、子目标或关键词，这些信息有助于我们理解幼儿的行为、深入地分析幼儿的行为背后的原因、准确地评价幼儿，从而有效地回应幼儿的兴趣和发展需要。"（朱老师）

"在这次研训中，我的学习能力、沟通合作能力、反思能力得到了很大的提升。一是开展过程轻松有趣，很多新颖的小环节能使我迅速集中注意力参与进来；二是理解消化了对目标和子目标的理解可能会有的误区，通过浏览梳理参考资料，用关键词提炼发展目标强调的要点，并能对照自己原有的理解和同伴交流、汇总、分享。"（何老师）

"参加'课程目标的整体框架研训'培训后，我记忆最深的就是绘制'好奇小人'的活动，让我想起我接触到的幼儿，他们经常会问'这个是什么？我想知道'。在分享对各个目标的理解时，我们是以表演的形式展开活动，这样既能模拟幼儿真实发生的场景，也能使其他老师更为直观地了解。这次的培训有趣且使我记忆很深，让我对课程目标框架有了一个整体的认识，也理解了核心素养和领域目标及子目标的内涵。"（房老师）

～ 案例2：课程目标的细化与实践 ～

一、确定问题

经过课程目标概览研训，教师对于问题式学习课程中课程目标的框架有了整体的认识和理解，并能够有意识地在实践中运用核心素养和领域目标观察评价幼儿学习与发展。但是，在运用目标和子目标进行观察评价时，教师发现了一个问题：他们基本能够将幼儿表现出的行为与目标和子目标相对应，却不知道幼儿在该目标上发展水平的高低，也不知道在该目标上幼儿更进一步的发展应该是怎样的，因此也就不知道应该给予幼儿怎样的支持。例如，教师观察到幼儿用手模拟机器"抓娃娃"，意识到这体现了幼儿的想象力和创造力，却不知道这一行为反映出的幼儿的想象力和创造力的水平是高还是低，以及更高水平的想象力和创造力是怎样的，因而难以计划下一步如何促进其想象力和创造力向更高质量发展。

教师遇到的问题说明：仅仅了解粗略的目标和子目标是不够的，教师还需要了解各目标下幼儿的年龄特点和发展线索，以便评估幼儿当前的发展水平，判断幼儿当前的表现是正常、偏弱还是较强，明确幼儿下一步的发展方向。

为此，我们特地开展了课程目标的第二次研训，引导教师结合实践经验将目标和子目标细化为三级指标，学习幼儿在各目标下的年龄特点和发展线索，并能在实践中应用目标体系观察、评价、支持幼儿。

二、开发研训方案

（一）教师学习目标

- 了解每一个目标对应的幼儿年龄发展特点。
- 理解每一个目标下的三级指标及其内涵。
- 能够在实践中灵活运用目标体系。

（二）学习资源

为了帮助教师深入理解并掌握课程目标，组织者为教师提供了多样的学习资源，包括自主梳理的问题式学习园本课程资源，通过深圳图书馆、当当网搜集的有助于教师理解核心素养和领域目标的书籍，儿童发展心理学相关书籍，以及通过中国知网、百度学术等学术平台搜集下载的相关文献。同时将信息搜集的途径提供给教师，支持教师结合自身学习需要自主搜集更多的信息资源。

（三）研训形式

自主学习：教师自主学习组织者提供的相关资源，阅读、提炼有价值的信息。

小组讨论：小组交流讨论，加深对目标的理解。

总结提升：组织者在教师自主学习与小组讨论的基础上进行总结提升。

实践应用：集中研训后，教师在实践中应用目标体系观察评价幼儿，发现问题，解决问题。

三、开展研训

（一）建构指标体系

1. 自主学习，联系实践，了解幼儿在各目标上的发展特点

组织者为教师提供各目标的参考资料，其中包含组织者从文献中整理的各目标中幼儿发展特点的相关内容。教师自主阅读参考资料，提取有价值的信息，梳理各目标中幼儿发展特点。

在此基础上进行小组讨论，共同回忆幼儿日常生活中的表现，为每个子目标对应小、中、大班幼儿行为表现实例，将理论与实践相结合。为了保证研训效果，各个目标的研训依次有序进行。

下面列举的是教师在自主学习幼儿交流沟通的发展特点后，经过小组讨论提出的小中大班幼儿能体现交流沟通的实例（见表5-2）。

表5-2   教师提出的小、中、大班幼儿在交流沟通方面的实例

目标	要素	小班幼儿实例	中班幼儿实例	大班幼儿实例
目标1：展示接受性的沟通。	积极恰当地回应。	幼儿入园时忘记换鞋，教师语言提醒他后幼儿去了换小白鞋。	幼儿听同伴分享了去英国旅行的经历，主动提问以了解更多的信息："那里的人吃的东西和我们一样吗？"	同伴分享时，幼儿认真倾听，在理解的基础上提问。
目标2：展示参与对话的能力。	遵循对话礼仪。	幼儿集体发言时声音很小，在教师的提醒下能够提高音量。	幼儿看到有入园焦虑的同伴，能够安慰："你是不是想妈妈了？我们一起去玩吧！"	集体谈话中有人发言时，其他幼儿在说话。有幼儿站出来提醒他们一次只能有一个人讲话，要尊重发言人。

各小组分享列举的实例，组织者以电子形式记录下来，最终形成各目标下各年龄段幼儿表现实例集，可配合目标体系供教师参考使用。教师列举的实例体现了其对目标的理解程度，组织者如果发现教师列举的实例不太能够准确体现目标和子目标，可以对教师进行追问，了解教师在理解上是否存在误区，帮助教师澄清对目标的理解。

2. 建构三级指标

组织者将教师列举的小、中、大班幼儿在各目标下的典型表现记录下来，并参考国内外相关文献资源中关于各目标发展线索的表述将两者整合，建构了各目标下能够体现幼儿发展线索的三级指标（见表5-3）。

表5-3 交流沟通领域幼儿发展三级指标

目标	要素	三级水平		
		Ⅰ级	Ⅱ级	Ⅲ级
展示接受性的沟通。	理解他人的话语。	能够理解并遵从口头指示。 能够听懂短小的儿歌或故事。	能把自己的经验、知道的知识和故事联系起来。 听故事后，通过肢体语言或复述所听到的内容来表示理解。	能说出图画书中的主要情节，并有自己的理解和想法。

（二）学习三级指标，形成对指标的理解

在了解各目标的要点和幼儿发展特点的基础上，教师自主阅读各子目标下的三级指标，形成对每一条指标及其发展线索的理解。对于难以理解的或认为分级不恰当的指标，鼓励教师之间展开讨论。讨论能激发教师的思考，所有教师对指标的理解也会在讨论中更加深入。同时，在讨论中有可能暴露教师不自知的理解误区，组织者可以帮助教师澄清对各级指标的理解。

（三）应用目标体系观察评价幼儿

教师完整学习掌握了问题式学习课程中的课程目标体系以后，开始在实践中广泛应用目标体系观察评价幼儿。

组织者制订《幼儿学习与发展观察评价表》。教师根据观察到的幼儿行为，对照目标体系评估幼儿在各子目标下的发展水平处于一级、二级还是三级，并记录作出评估的依据。教师的观察评价贯穿于幼儿一日生活之中。

（四）应用目标体系制订班级幼儿发展计划

除了对幼儿个体进行观察评价外，教师还需要应用目标体系对全班幼儿的整体发展情况进行分析，并以此为依据制订下一阶段（学期或学年）班级幼儿发展目标和教育计划。

1. 评估幼儿发展水平

教师在理解目标体系的基础上，对照《问题式学习课程目标一览表》对本班幼儿当前的发展水平进行评估。

班级幼儿发展评估指引：

对照名单，挑出每个目标下你们班发展最快的3名幼儿和发展最慢的3名幼儿，并记

下来。

排除这6名幼儿，对照名单思考其他幼儿（约占班级幼儿的80%）的整体发展水平，据此作出评估。

在《问题式学习课程目标一览表》中本班幼儿已达到的指标处打钩。

2.　制订下一阶段本班幼儿发展目标

教师在评估幼儿的基础上，制订下一阶段本班幼儿发展目标，具体到发展指标。

幼儿学习与发展目标（大一班）

一、好奇心

1.　对周围事物和现象感兴趣

（1）敏感：能敏锐注意到周围环境和材料的细节变化。

（2）兴趣：在他人协助下搜集新信息，以更多地了解个人兴趣；对事物的变化或事物之间的关系感兴趣。

2.　愉快探索

（1）观察：在更长时间内，能通过观察、比较与分析，发现并描述不同种类物体的特征或某个事物前后的变化。

（2）操作摆弄：通过对材料持续地操作摆弄，萌发出具有创造性的玩法。

（3）冒险：能预测判断、规避风险，对自己的行为后果负责。

（4）好奇体验：探索中有所发现时感到兴奋和满足。

为了避免教师在运用目标体系时可能出现的误区，组织者提醒教师注意以下要点。

（1）幼儿的发展速率有个体差异

幼儿是发展中的个体，其发展具有连续性。在每个目标下，幼儿的发展都是渐进的。正是出于这一考虑，我们在目标体系中使用Ⅰ级、Ⅱ级、Ⅲ级而非小班、中班、大班的表述。同时，幼儿的发展具有个体差异性，不同幼儿擅长的目标领域不同。有的幼儿可能好奇心和想象力发展得很好，但元认知能力相对较弱。幼儿的发展速度有快有慢，有的幼儿的发展可能显著快于或慢于大部分幼儿。教师要认识到这些差异是正常的，在使用目标体系时切忌"一刀切"地用同样的标准要求所有的幼儿。

（2）为幼儿的发展提供持续的支持

幼儿的发展具有连续性，教师应基于不同幼儿现有的发展水平，帮助幼儿实现更高水平的发展。对于发展相对较慢的幼儿，应通过观察把握其发展水平和最近发展区帮助其实现进一步的发展，争取尽快赶上幼儿平均水平；对于发展相对较快的、已经达到甚至超越阶段发展目标的幼儿，教师也不能忽视和放任，应为这些幼儿提供有一定挑战性的活动，帮助其实现更高水平的发展。

四、评价

此次研训围绕教师在运用课程目标体系时遇到的真实问题展开，让全体教师参与进来，结合文献研究与实践经验建构了目标下的三级指标，并为教师在实践中运用目标和指标提供了具体的支持。

教师纷纷表示，此次研训解决了大家长时间存在的"观察时不知道看什么""观察后不知道如何评价""不会制订幼儿发展计划"等问题。

"这次培训给我最大的启发是幼儿的发展具有个体差异性，不能用'一刀切'的标准衡量和要求所有幼儿。同时，这次培训也让我懂得了要在班里大部分小朋友都达到某一个水平时才能制订下一个阶段的计划，对还没有达到平均水平的小朋友和已经超出平均水平的小朋友也要给予持续的支持。"（陈老师）

"上次学习的核心素养和领域目标比较笼统，具体观察时还是难以判断幼儿的发展水平怎么样。有了三级指标就好多了，我就能够知道幼儿发展到什么水平，更高水平的发展方向是什么。"（宋老师）

"三级指标体系为我们制订班级幼儿学年发展计划提供了支架。对照指标，我发现我们班有些方面发展得比较好，都达到了大班水平，可有些方面的发展水平还比较弱，只能达到小班水平。在制订计划的时候，就会有意识地加强整体比较弱的方面。"（张老师）

第六章 课程内容研训

～ 案例1：问题式学习课程内容概览 ～

一、确定问题

在"以幼儿为中心"理念的指引下，我们认为幼儿学习是生成式的、整合式的。儿童中心模式对教师提出了更高的要求，教师要跟随幼儿的学习，在观察幼儿的基础上了解幼儿的兴趣、学习特点、学习与发展现状，高质量地支持和回应幼儿的学习，支持幼儿进入深度学习的状态。教师要清楚适宜幼儿的学习内容，了解不同领域知识的特点与幼儿学习线索，在此基础上开展多种形式的教学活动。这样就能评估幼儿当前的学习状况，并在最近发展区内支持孩子的发展。

为了促进幼儿各领域知识、经验的整合，促进幼儿全面、和谐地发展，问题式学习课程将"问题方案"作为课程的组织形态，从幼儿的学习和生活中提炼出八大类问题作为幼儿的学习内容，包括探索发现类问题、查找搜集类问题、工程设计类问题、艺术创作类问题、动作技能类问题、人际交往类问题、沟通表达类问题和自主守则类问题。八大类问题涵盖了课程目标中五大领域知识经验，能够支持幼儿核心素养的发展。作为幼儿的学习内容，八大类问题在课程目标与学习内容的整合中，促进幼儿全面发展，为教师"教什么"提供参考。通过对问题式学习活动的真实场景进行分析，确定存在的问题。

场景1

大三班的陈老师正在和孩子们一起开展问题式学习活动——制作机器人，孩子们在初次尝试制作机器人时遇到了很多问题，大家一起讨论确定核心问题。

糖糖：我不知道怎么做机器人的眼睛。

小梦：我想做一个会跳舞的机器人，但是我不知道怎么做机器人的脚。

牛牛：我的双面胶老是粘我的手。

牛牛的话一说，孩子们表示自己也遇到了类似的问题：

"我的胶水粘不牢。"

"我的双面胶总是撕不下来，浪费时间。"

……

经过陈老师和孩子们的讨论，大家投票决定制作机器人的核心问题，最后确定了核心问题之一："做机器人时，怎么才能把双面胶粘好？"

场景2

小一班的吴老师想在水区观察孩子，了解孩子们的兴趣，进而生成随机问题式学习活动。观察过程中，她发现孩子们对很多东西感兴趣，而且兴趣转变很快。孩子们一会儿玩消防员灭火的游戏，一会儿玩榨果汁的游戏，一会儿又玩沉浮游戏。吴老师在集体备课时提出了自己的疑问："孩子兴趣转变这么快，什么才是有价值的、可以持续探究的问题呢？"

上述教育情境中，虽然教师做到了以幼儿为中心，尊重幼儿的兴趣与需要，但是在教育实践中却没能基于幼儿的兴趣与需要，把握对幼儿有价值的探究内容。例如，场景1中教师确定核心问题之后，缺乏对核心问题及其解决路径的分析。场景2中教师不了解小班幼儿的年龄和学习特点，而且教师难以分析幼儿行为表象后面的原因，难以在观察的基础上确定符合幼儿现状的学习内容。由此，组织者决定通过本次研训引导教师掌握内容八大类问题的内涵、幼儿的学习方式以及蕴含的知识经验。

二、开发研训方案

（一）确定教师学习目标

- 理解问题式学习课程内容中八大类问题的内涵及价值。
- 掌握问题式学习课程内容中八大类问题的解决路径和幼儿学习方式。
- 了解问题式学习课程内容中八大类问题所蕴含的知识经验。
- 掌握应用问题式学习课程内容的原则与策略。

（二）确定组织形式

集中学习：利用集中学习的形式帮助教师掌握课程内容中八大类问题的内涵及其对幼儿发展的价值。

小组自主学习：各个小组选择一个问题类型，建立小组学习共同体，对八大类问题的问题解决路径、幼儿学习方式进行学习，发掘此类问题背后蕴含的知识经验，建构自身对课程内容八大类问题的理解。

角色扮演：教师通过角色扮演的方式来演绎出八大类问题情境，以及幼儿问题解决的过程。

实践反思：集中学习和自主学习后，教师运用掌握的八大类问题的内涵、价值、问题解决路径、幼儿学习方式等知识，应用问题式学习课程内容八大类问题的原则与策略支持幼儿的学习，并进行反思总结来积累有益经验。

（三）准备教师学习资源

课程内容研训涵盖了八大类问题的相关知识，内容广泛。考虑到每位教师的知识背景、教学经验等具有其独特性，组织者精心挑选了一批学习资源。在书籍的选择上，选择了相关领域专家的书籍确保专业性。例如，《学生解决问题：支持问题解决的学习环境设计手册》。在文章选择上，组织者在中国知网、维普、万方、读秀等网络平台搜集了一批质量较高的文章，同时也搜集了优质公众号推出的相关文章，作为教师理解各领域知识的学习支架。

三、开展研训

（一）第一次集中学习

1. 认识问题、分析问题

研训伊始，请教师欣赏各个年龄段幼儿在幼儿园的活动照片，活动内容包括搭积木、画画、捡树叶、滑滑梯、荡秋千等。通过浏览幼儿丰富多彩的活动照片，教师的脑海里关于幼儿的已有经验被激发，开始回顾自己班级幼儿的活动情况。组织者顺势提出以下三个问题，引发教师对于幼儿学习内容的思考。

问题1：在你的观察中，幼儿在活动中对哪些问题感兴趣？

组织者请教师把自己观察到的幼儿的兴趣点用关键词的形式记录在便签纸上，每张便签纸记录1个兴趣点。

教师平时对幼儿观察很细心，几分钟的时间，每位教师都写了十几张便签纸。

教师纷纷表达了自己的想法。有的教师从不同领域出发，分享在教学实践中幼儿遇到的问题，有的教师从日常生活和周围环境出发，总结出幼儿的问题。

问题2：在识别幼儿活动中的问题时，你有哪些困惑？

组织者请教师思考并写下来在捕捉幼儿问题的过程中的困惑，这个问题得到了教师的共鸣和思考。大家完成后把便利贴贴到白板上，并相互阅读了解其他人的内容。有的教师认为，当幼儿操作十分投入的时候，并没有提出很多问题。有的教师认为，幼儿提出的问题很多，怎么分辨哪些问题是值得探究的呢？

问题3：在支持幼儿解决问题的过程中，你遇到过什么困难？

这一问题引发了热烈讨论，教师提到了遇到的多种困难。例如，"不知道自己对问题的判断是否准确?""我能想到的问题解决策略好像很有限。""我常常不知道怎样将幼儿的问题解决活动引向更深入。""怎样分析幼儿在问题解决过程中获得的经验?"等等,这些问题能够反映出教师都有自己的思考,尽管很多教师已经大致能将幼儿学习活动与问题类型联系起来。但是只能做一个比较初级的判断,很多教师对自己的判断不够自信,对于问题解决的路径、策略还有较多的疑问,需要进一步明晰。

2. 确定学习议题

教师提出了自己在课程内容方面的困惑之后,组织者将大家的问题记录在思维导图上,与大家共同进行了深入的梳理,发现大家对于幼儿学习内容的主题主要聚焦对八大类问题内涵理解不够深入,对执行问题解决路径有较多的疑惑,对每类问题背后蕴含知识经验不够了解等方面,由此,教师共同拟订了以下学习议题。

- 八大类问题的内涵及价值。
- 八大类问题解决路径以及幼儿学习方式。
- 支持幼儿解决问题的原则与策略。
- 八大类问题蕴含的知识经验。

3. 参与式培训

确定学习议题之后,组织者为大家提供了关于课程内容八大类问题的教师学习资料,通过参与式培训的方式,帮助大家更好地理解八大类问题的内涵、价值、解决路径、幼儿学习方式、蕴含的知识经验、原则与支持策略等内容。

(1)八大类问题的内涵、价值

组织者为教师提供学习资料,大家翻阅后根据学习资料画出八大类问题知识的思维导图,从而对课程内容有整体的了解。

幼儿园问题式学习课程具有生成性特点,对于教师的要求也相对较高,所以,要对教师进行培训,让教师了解问题式学习课程系统内容及其价值。为了支持教师的学习,组织者在设计参与式培训的过程中,通过与教师一起绘制思维导图的形式帮助教师梳理八大类问题内容,为教师提供了一个支架,帮助教师了解问题类型以及重点内容。

(2)八大类问题解决路径以及幼儿学习方式

理解八大类问题内涵以及价值之后,组织者抛出了每类问题的解决路径以及幼儿学习方式的内容。

八大类问题涵盖五大领域知识经验,某一类问题可能涵盖多个领域的经验,也有可能多个问题指向某一领域目标的实现。不同的问题的解决路径也各有差异,幼儿的学习方式也并不完全相同。比如探索发现类问题解决路径一般遵循以下程序:第一，认识问题、分析问题、搜集信息。第二，建构策略，展开问题解决行动。第三，总结反思。幼儿主要通过以下方式来进行学习：第一，观察和操作。第二，调查。第三，实验。中、小班幼儿主要通过观察和操作的方式对周围事物展开探索；中、大班幼儿随着探究的深入，他们可以通过简单的调查来搜集信息，大班幼儿在调查之前具有一定的计划性和目的性，可以在成人指导下制订简单的调查计划，运用符号记录自己的调查发现。大班幼儿具有初步的科学思维，动手操作能力和探究能力有了进一步发展，能够进行一些简单的实验来验证自己的猜想。教师要对每类问题的解决路径以及幼儿的学习有所了解，才能够为幼儿的问题解决提供适宜的支持。

（二）自主学习与小组学习：幼儿学习线索

在第一次集中学习与讨论的基础上，教师大致掌握了课程内容中八大类问题的概念、价值，随后拟订了下一步的自主学习与小组学习计划——分组梳理八大类问题的解决的路径、幼儿学习方式和问题所蕴含的知识经验，并进行了充分的资料收集、筛选与自主学习，梳理形成了一批学习成果。

1. 制订学习计划

组织者与教师制订了具体的学习计划（见表6-1）。

表6-1　自主学习与小组学习计划

学习目标	梳理八种问题类型下幼儿的问题解决路径、学习方式，并形成文稿；理解不同问题类型中幼儿的学习方式和特点，了解不同类型问题蕴含的知识经验。
学习形式	步骤一：梳理幼儿问题解决路径与学习方式 　　教师分为八个组，每组围绕一个问题类型进行研究，分析幼儿解决问题的路径、学习方式以及此类型问题蕴含的知识经验，对照参考资料和提供的书籍梳理相关资料，形成文档。 步骤二：准备表演 　　本组教师对照梳理的问题解决路径和学习方式，各组围绕本组的问题类型自行设计一个问题情境，表演出该问题类型下幼儿问题解决的过程和学习方式。 步骤三：正式表演 　　各组进行第二次集中学习，正式表演。 步骤四：评审阶段

2. 搜集信息资源，开展自主学习与合作学习

为了梳理八种问题类型下幼儿的问题解决路径、学习方式和问题蕴含的知识经

验，教师开始分组搜集相关书籍，组织者也为大家提供了对各问题类型有价值的参考资料。大家分组搜集后进行筛选，最后确定了以下学习资源。

每组教师均配有《学会解决问题：支持问题解决的学习环境设计手册》作为参考书籍。此外，各组围绕本组的问题类型，又有针对性地检索和确定了各问题类型的专业参考书籍，同时在中国知网、百度学术、微信公众号上等搜集相关文章以获取所需资源。

在梳理过程中，教师发现不同书中的问题类型有重复的，但是有些内容可能会有不同，不知道如何选择相关内容。于是组织者为教师进行了一个简短的培训，帮助大家筛选最合适的内容。

3. 梳理学习成果，形成幼儿问题解决路径与学习方式文稿

组织者为大家提供了各问题类型下幼儿问题解决路径与学习方式梳理模板，在教师的共同努力下，梳理形成了八大问题下幼儿解决路径与学习方式初稿。

各组提交幼儿学习线索初稿后，教学副园长、教研员、研究员、年级长通过两次集体研讨对教师梳理进行优化和完善，形成最终文稿（见表6-2）。

表6-2　探索发现类问题的部分内容与实例

问题类型	举例
探索发现类问题	这是什么种子
问题解决路径： 1. 认识与分析问题，搜集信息。 2. 构建策略，展开行动。 3. 总结反思：团体讨论、布展等。	问题解决路径：幼儿主要通过收集种子相关的信息、观察种子、种子分类、团体讨论的方法解决此类问题。
幼儿学习方式： 1. 观察。 2. 调查。 3. 实验。	幼儿学习方式： 1. 观察：在日常生活中，幼儿常常会观察水果和蔬菜的种子，从而了解种子的外观。 2. 调查：通过亲子调查的方式，了解种子的来源、作用等。 3. 实验：开展大豆解剖小实验，切开大豆种子观察结构等。

4. 各组设计问题情境，准备表演

完成八大类问题解决路径和幼儿学习方式的梳理后，各组开始准备表演。本组教师对照八种问题类型，自行设计问题情境，将幼儿探索问题解决的学习过程、教师引

导幼儿构建问题解决策略的过程表演出来。大家热火朝天地准备表演，设计问题情境、选择表演道具、结合实践经验分析幼儿可能的行为表现，每组教师都全身心投入其中，努力将自己变成幼儿，表现幼儿的问题解决过程。

（三）第二次集中学习

准备结束后，各组教师们聚在一起开展第二次集中学习活动。各组开展正式角色扮演，通过全身心的参与，深入理解不同类型问题中幼儿问题解决的途径（见表6-3）。

表6-3　角色扮演活动规则

一、流程
（一）各组正式表演 1. 演出开始前，简单介绍本组梳理的问题类型、问题解决路径和幼儿学习方式，主要参考了哪几本书。 2. 演出形式、材料不限，围绕该问题类型的问题解决路径和学习方式。 3. 其他组老师成立评委团，对该组表演进行评价，评价标准：幼儿问题解决的有效性；幼儿学习方式的科学性；是否对照八大类问题的解决路径和幼儿学习方式精准表演。 （二）评审阶段 不记名投票选出最佳演员、最佳剧本、最佳小组等奖项。 （三）颁奖典礼 根据投票结果举行简单的颁奖典礼，老师们表达参训感想。
二、角色要求
（一）表演者 1. 大致介绍本组负责的问题类型的问题解决路径和学习方式，参考了哪几本书，有没有自己调整的地方。（3min） 2. 介绍本组表演的内容。（2min） 3. 观众快速阅览要表演的问题类型、问题解决路径和学习方式。（2min） 4. 正式表演。（5min） （二）评委 1. 小组讨论。（3min） 2. 结合该问题解决途径、幼儿学习方式及实践提1个亮点、1个建议，各组的反馈内容不重复。（6min） 3. 评委分析、反馈。 问题解决路径和幼儿学习方式的科学性。 表演是否准确表现了问题的解决路径和幼儿学习方式。 动作、语言是否符合该年龄段幼儿。 所选材料、道具是否符合该问题情境。

1. 分组角色扮演

在明确集中学习的环节与流程之后，大家结合自己平时对幼儿的观察，从班里搜集了相关材料，充分发挥教师活泼、热情的特点，有模有样地表演了起来。评委团认真观察、作记录，不时被表演者们逗得捧腹大笑，为教师精彩的表演所折服。

例

探索发现类问题小组

（1）表演

何老师、宋老师、温老师、方老师以探索发现类问题的解决路径为表演依据，开始了精彩的表演。

人物角色：宋老师——小班孩子宋宋，温老师——中班孩子小温，方老师——大班孩子小房子，何老师——班级老师。

场景：幼儿园户外活动时，小班、中班、大班的孩子们在幼儿园后花园玩游戏，突然他们发现了水渠里有小蝌蚪游动的身影，大家都被吸引了过去。

宋宋：水里面黑黑的、游来游去的东西是什么呀？

小温：这是蝌蚪，它是青蛙小时候的样子！

小房子：是的，我看过蝌蚪变成青蛙的过程，它还会长出前腿和后腿，长大之后尾巴也不见了。

宋宋提议邀请小蝌蚪去教室里生活一段时间，何老师问：如果想请小蝌蚪去教室里，我们应该怎么照顾它呢？

宋宋：我们要让它生活在水里，可以放在一个鱼缸里。

小温：还要给蝌蚪食物，这样它才不会饿死。

小房子：不能把蝌蚪和吃它的动物放在一起，不然它会被吃掉的。

宋宋：蝌蚪吃什么呢？它吃巧克力吗？我可以给它吃饼干。

小房子：蝌蚪和人是不一样的，我们喜欢吃的东西它可能会中毒的。

小温：我们可以回家查资料，问爸爸妈妈。

何老师：那我们先回家查一查资料，了解蝌蚪的生活习惯，再请它来教室玩好吗？这样我们就不会伤害蝌蚪了。

宋宋、小温、小房子：好！

第二天，三位小朋友带来了自己搜集的信息，何老师也准备了一段小蝌蚪的视频。三位小朋友分享了自己搜集的信息。

宋宋告诉大家，蝌蚪的嘴巴很小，吃水藻和水里的小虫子，把面条弄碎喂给它，它也会吃。每天要给小蝌蚪换水。

小温告诉大家，蝌蚪很小，一次不能给蝌蚪喂太多食物。水里可以放一点水草、石头，像小蝌蚪在外面生活的环境一样。

小房子给大家带来了蝌蚪成长发育的图片，展示了蝌蚪变成青蛙的全过程。小蝌蚪需要的水和水龙头里的水是不一样的，我们要从外面装水，不能在水龙头下面装水。

大家讨论完之后，何老师给大家播放了小蝌蚪的视频。大家按照搜集的资料为小蝌蚪准备好合适的生存环境，邀请小蝌蚪来教室住了一个星期。大家还轮流照顾小蝌蚪。

最后，何老师请大家讨论小蝌蚪是更喜欢待在教室里还是更喜欢待在外面。孩子们讨论之后决定把小蝌蚪放回水渠，让它在自然中自由自在地生活。

（2）参演教师解读

在表演过程中，宋宋、小温、小房子对蝌蚪产生了兴趣，何教师适时提出了一个问题：如果想请小蝌蚪去教室里，我们应该怎么照顾他呢？这一问题属于探索发现类问题。为了解决这一问题，何教师依据探索发现类问题的解决路径，首先了解了幼儿的已有经验，可以看出他们不了解蝌蚪的食物、习性、生存环境等。之后，何老师引导幼儿构建策略，开展问题解决活动。通过和爸爸妈妈一起检索信息的方式，幼儿收集了照顾蝌蚪的相关信息，比如蝌蚪吃水藻和小虫子，蝌蚪生活的环境中需要有水草和石头等等，在分享信息的过程中，孩子们了解了该怎样照顾蝌蚪，从而使问题得到顺利解决。整个过程中，体现了幼儿"认识和分析问题-搜集信息-构建策略"的问题解决路径。

（3）评委团反馈

第一，探索发现类问题小组的教师很用心地准备了很多道具，三位扮演小朋友的教师表现出了幼儿提问的特点。

第二，宋宋、小温、小房子表现出了查找蝌蚪相关资料、观察蝌蚪外观等学习方式解决了"怎么照顾蝌蚪？"这一探索发现类问题，在此过程中幼儿了解了蝌蚪的外观、习性、生长环境。

第三，何老师从提出引导性问题、组织孩子搜集资料、引导孩子观察蝌蚪等途径让幼儿在自主探究的过程中解决了探索发现类问题，很好地支持了幼儿解决问题的全过程。

第四，从生命教育的角度来说，将蝌蚪放归大自然，体现了对生命的保护和尊重，不管是什么年龄段的幼儿，都需要发展这样的观念。

2. 总结回顾

八个小组分享结束后,大家通过电子问卷进行无记名投票。每个小组的用心准备都被看见、都有收获。表演结束后,组织者请大家回顾两次集中学习的内容,再次共同梳理幼儿学习内容思维导图,帮助大家整合两次集中学习的内容,巩固学习成果。

(四)实践运用

1. 各班制订幼儿学习内容学年计划

在理解各领域学习内容内涵及线索的基础上,教师运用组织者提供的参考资料及大家共同梳理的幼儿学习线索制订了幼儿学习内容学年计划。各班提交幼儿学习内容学年计划后,组织者对各班学年计划的制订进行检查反馈,各班修改后将学年计划落实到一日生活中。

2. 运用八大类问题内容支持幼儿的问题解决活动

组织者为教师提供了八大类问题的学习资料,教师运用学习资料了解了各种问题类型的概念、价值、问题解决路径、幼儿学习方式以及问题背后蕴含的知识经验。教师在教学实践中通过观察,了解了不同问题的解决路径,以及幼儿在不同类型问题中的学习方式,将所学内容运用到了实践中。教师以备课组为单位,3人一组,每周开展1—2次研讨活动,结合自己的观察记录,对幼儿在八大类问题下的学习活动和相应的教师支持策略进行研讨。年级长跟班观察教师教学实践情况,在小教研时提出自己发现的问题,教师也可以提出自己在组织幼儿开展问题解决活动时存在的问题,通过小教研提出问题解决方案,在实践中尝试后再通过小教研进行反馈。

四、评价

本次幼儿学习内容研训从教师实践中遇到的真实问题出发,旨在帮助教师了解课程内容中心的八种问题类型,支持教师识别幼儿遇到的问题、支持幼儿开展问题解决活动。在研训过程中,组织者始终以教师为中心,通过集中研讨、参与式培训、自主学习、实践运用等各种方式帮助教师逐渐对幼儿学习内容有深入、全面的了解。角色扮演这一研训形式符合幼儿园教师的学习特点,教师全身心投入其中,并能将其运用在教育实践中。教师逐渐了解了适宜幼儿的学习内容、幼儿的学习特点以及各领域学习线索,在实践中不知道该如何支持幼儿、聚焦有价值的核心问题等困境出现的频率逐渐降低。教师在自主学习与合作学习的过程中充分发展了信息搜集、筛查能力,与小组成员合作的角色扮演过程也是发展教师交流沟通和团队合作能力的过程。小教研活动开展的研讨发展了教师的反思能力，同时帮助教师学习如何将零散的、直接的经验提炼成系统的、科学的教育原则，促进了教师从实践型往专业型、反思型方向的成长。

"我刚入职两年，对于幼儿的学习不够了解，尽管知道要'以幼儿为中心'，但是很多时候都不知道该怎么支持幼儿，不知道幼儿应该学什么、怎么学。这次的研训给了我一个支架，使我大概了解了幼儿的学习内容，知道了不同年龄段幼儿的学习特点和适宜的内容都不一样，可以在观察幼儿的基础上对照各领域学习内容和线索确定我们班幼儿当下的学习情况，从而更好地进行师幼互动和学习环境创设。"（何老师）

"这次研训前，我本以为我对幼儿的学习内容已经很了解了。但是在研训过程中，我意识到自己只是知道幼儿应该学习什么，并没有研究幼儿的学习特点。所以在师幼互动过程中，我发现幼儿经常对活动内容不感兴趣，就是因为我没有很好地把握幼儿是如何学习这些内容的，没有真正做到'以幼儿为中心'。研训中我还有一个很深刻的感受是不断强调对生命、环境的尊重，这是我以前忽视的内容。仅有知识的学习是不够的，它们只是载体，最终还是要着眼于幼儿的价值观、态度和能力的发展。"（吴老师）

～ 案例2：数学领域核心经验与学习线索 ～

一、确定问题

数学是一门系统性、逻辑性很强的学科，有着自身的特点和规律。但幼儿园数学却不能作为一个孤立的学习领域，而应贯穿幼儿一日生活的全部。《3—6岁儿童学习与发展指南》明确指出，幼儿的思维特点是以具体形象思维为主，应注重引导幼儿通过直接感知、亲身体验和实际操作进行数学学习，不应为追求知识和技能的掌握对幼儿进行灌输和强化训练。《幼儿园教育指导纲要（试行）》也强调，数学教育的目标是能从生活和游戏中感受事物的数量关系，并体验到数学的重要和有趣；要引导幼儿对周围环境中的数、量、形、时间和空间等现象产生兴趣，建构初步的数概念，并学习用简单的数学方法解决生活和游戏中某些简单的问题。因此，要真正让幼儿在数学领域获得发展，幼儿园的数学教育就不能局限于传统的集体教学活动，而是要善于在日常生活中观察幼儿的数学学习行为，分析和理解幼儿的需求，为幼儿提供适宜支持。

　　但在幼儿园教学实践中，数学似乎总是一个难点和痛点。教师创设学习环境时，在益智区材料投放方面存在一些问题，如不同年龄段材料特征不明显、内容单一、缺乏趣味性与可操作性、不能体现层次性等。在交流时，教师表示不知道数学游戏材料要投放什么、怎样投放，如何组织数学区域游戏活动等。另外，教师在组织一日活动时也往往会忽略数学经验的渗透，不知道什么时候可以渗透、不同年龄段应该采用什么方式渗透等。

　　幼儿园教研组对这一问题进行了分析，意识到问题背后的原因主要是教师不清楚数学领域核心经验。虽然教师在专业学习时进行过学前儿童数学教育的学习，但是一方面教师所学理论未能与实践相结合，另一方面教师自身数学素养不高，对数学的理解和认识不深。因此，要解决数学教育方面的难题，核心问题就是如何帮助教师理解和掌握数学领域核心经验与学习线索。

二、开发研训方案

　　围绕"如何帮助教师理解和掌握数学领域核心经验"这一核心问题，幼儿园教研组开发设计了为期一学年的研训方案。

（一）学习目标

- 理解并掌握数学核心经验、不同年龄段幼儿数学学习的发展线索、支持幼儿获得数学核心经验的方法及途径。
- 提高自主学习能力以及应用理论知识在实践中反思教学行为的专业能力，促进教师专业发展。

（二）研训方式

搜集信息，支持教师自主学习，开展读书分享活动。

收集教师自主学习中的问题与困惑，邀请专家有针对性地开展专题培训。

通过小组研讨，梳理本园的数学领域教学计划，并分阶段实施。

（三）学习资源

　　组织者为教师整理了学前儿童数学教育相关资源，如《幼儿数学核心概念》等书籍，以及园本课程中与数学有关的内容，并鼓励教师自主搜集、筛选相关资源进行学习。

三、开展研训

（一）搜集信息，自主学习，初步了解数学核心经验

　　为补充教师在数学学科教学知识方面的缺失，我们开始通过多种途径搜集信息，包括寻找数学领域的专业书籍、相关的案例、来园指导的专家等。幼儿园提供经费支持教师根据自己的需求购买相关的专业书籍，导师团队对教师开展了"利用关键词进行信息检索与筛选优质资源的技巧"等方面的培训，指导教师自主搜集学习资源。在搜集到的大量参考文献中，一部分是国内的专家写的，一部分是国外翻译过来的，中外书籍中对一些数学概念的分类与描述不同，有些概念较抽象难以理解，对比之下各有优点与可取之处，需要我们结合自身课程实践与发展需求做一些筛选和整合。于是，教研组确定了一个目标，鼓励教师先通过自主学习筛选有价值的信息，并尝试去理解，对数学领域核心经验的框架有个初步的了解。

　　随后，教师自主学习关于数学核心经验的专业书籍，认真做好读书笔记，自主学习结束后，教师以PPT展示的形式分享自己的收获与体会，提出自主学习过程中的问题与困惑。

（二）专家指导，扩展经验，加深对核心经验的理解

　　自主学习从不同层面帮助教师对数学领域核心经验的基本框架有了初步的认识。在读书分享会上，教师都表示以往认为数学是比较枯燥的东西，但是通过阅读数学专业理论书籍，发现现实生活中处处都有数学的影子，幼儿数学教育可以变得非常轻松而有趣。同时，教师也提出了自己在阅读过程中的问题与困惑。

- 幼儿数学学习的思维特点如何？有什么规律？
- 在当前课程模式下如何把握数学活动的系统性与整体性？
- 怎么做才能提高数学教学方法和教学语言的科学性、严谨性？
- 如何提升数学活动的有效性？数学活动如何设计更合理？
- 数学区材料如何投放更贴合幼儿的经验与需要？如何结合问题式学习课程特色投放数学区游戏材料？

　　为帮助教师认识到问题背后的原因，加深教师对数学核心经验的理解，幼儿园特别邀请了学前教育专家时萍老师来园指导。

　　针对教师的问题，时老师并没有直接给出答案，而是启发教师思考：什么是核心经验？掌握核心经验的意义是什么？谁来掌握核心经验？是幼儿还是我们？为什么要掌握？掌握了这些核心经验以后，如何与我们幼儿园一日活动相联系？通过与专家面对面的交流，教师进一步理解了掌握核心经验的意义，认识到系统性、整体

性、科学性、严谨性、有效性、合理性的教学都必须以核心经验为基础，教师要把核心经验牢记在心然后去行动，设计活动时考虑将核心经验蕴含其中，创设学习环境和提供游戏材料时考虑如何促进幼儿理解这些概念。要细心观察幼儿的活动，对孩子的行为有专业敏感性，随时把核心经验跟幼儿的活动相联系，为孩子的学习提供支架。

在教师对数学的理论知识有了更深的理解之后，幼儿园又邀请了幼教专家马教授来园开展"幼儿阶段数学核心经验学习"的专题培训活动，教师对分类、排序、计数、测量等数学核心经验有了全新的认识，深入理解了各年龄段幼儿数学思维的发展特点以及教学方法，掌握了激发幼儿数学兴趣的诸多技巧。

为了提升培训效果，每次中场休息时，教研组导师都带领大家及时回顾、归纳学习内容，强化教师的理解与记忆。上午的培训活动结束后，教师学以致用，以小组合作的方式开展研讨，积极尝试围绕数学领域核心经验，利用现有教具及日常生活经验设计适合幼儿年龄特点的游戏活动。下午的培训活动从各组教师的游戏设计分享开始，每组教师代表分享之后马教授进行点评。

此次培训活动不仅让教师开阔了视野，增长了见识，拓宽了思维，提高了创新意识，感受到数学教育中的乐趣，更有助于提高教师将学科教学知识运用于教育教学实践的能力，为下阶段课程实践打下良好的基础。

专家指导

专家指导是指结合教师遇到的具体问题，外请相关领域专家通过讲座、研讨、观摩等形式进行指导，在问题式研训中，专家指导是一种常用的方式，运用这一方式时需要注意以下事项。

第一，邀请的专家研究领域与研讨问题密切相关。

第二，邀请专家前请教师先对问题进行思考，并提出自己的疑惑，让教师带着问题参与。

第三，专家讲座以互动、研讨的形式进行，让教师与专家有更多交流的机会。

第四，邀请专家指导后，及时组织教师结合专家指导形成自己的问题解决策略。

第五，邀请一位专家进行持续指导或邀请专家进行驻园指导效果会更好。

（三）分组研讨，初步建构问题解决策略

自主学习与专家的引领激发了教师对园本课程数学领域目标及教学实践的反思。培训活动结束后，教研组趁热打铁，组织各年级组保教人员对各个年龄段的数学核心经验进行深入研讨。各组的导师首先抛出几个引导性问题："我们理解了哪些数学

概念？哪些数学活动是我们已经做过的？还有哪些不清楚的？"引导教师结合我园课程方案进行自我评估。随后，教师进一步梳理思路，提出自己在实施过程中的问题与困惑，分析问题背后的原因，并共同探讨解决问题的策略。以小班、大班组研讨为例。

1. 小班组

困惑：小班幼儿不会按高矮顺序排队，教师如何通过排队帮助幼儿获得有关排序的核心经验？

小组成员分析原因：

第一，小班幼儿目测能力没有发展到那个水平，对不明显的差别看不出来。

第二，小班幼儿不会看自己的身高，也就不会和别人的身高进行比较。

第三，幼儿平时排队时人数较多，会干扰目测水平，影响幼儿的判断。

第四，幼儿缺乏按高矮排序的经验。

教师贡献的策略：

第一，更换参照物，比如用娃娃排队或比水杯的高矮，避免让幼儿因为比身高而伤害自尊。

第二，先从差异较大的两个物体开始学会比较高、矮，然后对三个物体按顺序比较排序，逐步增加到五个物体。

2. 大班组

问题：怎样把数学领域的核心经验自然地融入我园问题式学习课程中？

小组成员分析原因：

第一，教师对数学领域核心经验的掌握还不够，对幼儿在问题式学习活动中的数学学习需求不够敏感。

第二，幼儿在问题式学习活动中经常需要运用数学经验，比如制作蛋糕时会涉及各种材料的质量、比例等，教师不知道什么时候、以什么样的方式帮助幼儿获得这些相关经验。

教师贡献的策略：

第一，教师应尽快熟练掌握相关数学核心经验的知识，了解大班年龄段幼儿需要学习的数学核心经验有哪些，并能够灵活应用。

第二，在设计问题式学习活动时，应从幼儿提出的问题出发，预设活动开展过程中可能会涉及哪方面的数学学习经验，了解幼儿当前的数学核心经验发展现状，根据多数幼儿的学习需要适当设计数学的小组教学活动。如制作蛋糕时幼儿提出不知道蛋糕要烤多久，涉及数学中的时间概念，教师就可以适时开展认识时钟、体验1分钟有多长等相关的数学活动。

　　小组讨论帮助教师进一步澄清了教学实践中的问题与困惑，并形成共识：教师要清楚数学核心经验中的每一个知识点并掌握基本教学方法，要了解不同年龄段幼儿的学习特点及发展线索。只有这样，才能在一日生活中有机渗透数学教育，促进幼儿的学习与发展。

（四）小组合作，梳理核心经验、发展线索与实施途径

　　随后，教研组组织教师以班级为单位开展研讨。以时老师提供的数学领域几个子领域为线索进一步梳理核心经验。参考数学领域的工具书，整理出核心经验的概念描述及相关知识点；对照核心经验，参考马教授培训时的案例特点，注重遴选生活化、游戏化的相关优质案例，形成本班数学自编大纲参考资料。在期末开展的数学核心经验梳理成果汇报展示活动中，每班一位教师代表上台分享小组研讨成果，尝试用自己的方式表达对数学概念的理解与思考，突出体现了教师的成长与进步。

　　例如，小三班以思维导图的方式呈现数学领域核心经验，包含四个子领域及相关知识点，还附有幼儿典型行为与相关的数学活动设计案例（见图6-1）。大二班教师将搜集到的优质资源编辑形成本班数学核心经验手册，体现出教师利用多种学习途径帮助幼儿获得数学核心经验的思考（见表6-4）。每一份班级数学核心经验资源手册都是班级教师自己生成的"宝典"，体现出教师尝试将理论与实践相结合的深入思考与积极行动。随着教研的持续深入，这些资源手册仍将进一步丰富、完善，成为教师教学实践中的好帮手。

图6-1　数学领域核心经验思维导图

表6-4 数学核心经验资源手册内容示例

二、数与运算		
	核心概念	学习途径
数	1. 比较两组物品的数量，决定哪个"更多"，哪个"更少"或者数量相同。 2. 将两组物件——对应排列。 3. 点数物体。 4. 数值表征。数量是集合的属性之一，用数字来标识具体的数量。 　小集合的数量可以被直接感知，而无需数数。	PBL活动：1.《造船》。请幼儿点数12块小方块来设计船的图案。 　2.《制作车牌》。理解数字在人类生活中的用途。会通过数字的不同组合策略来解决制作不同车牌的问题等。 　日常生活：1. 切水果。每个果盒里分多少块水果。
数数（计数）	1. 数量：数数可以用来确定一个集合中数量的"多少"。 2. 数数的基本原则：数数的基本原则适用于任何集合。 3. 通过组合和分组物体来探索加法和减法概念的区别。	2. 点名。玩报数游戏，统计人数，用数字记录下总数。点数男孩有多少，女孩有多少，总共有多少人。 3. 散步：数一数幼儿有多少人。

（五）形成问题解决方案，拟订数学领域教学计划

通过信息收集、自主学习、专家指导以及团队探讨，教师在数学核心经验的学习过程中，逐渐从模糊到清晰，从碎片化到系统化，对于如何将数学教育的理论应用于实践越来越有信心。

在此基础上，教研组结合幼儿园以往课程实践的经验与后续发展需求进一步完善课程框架，梳理不同年龄段幼儿学习数学的发展线索，以年级为单位拟订了数学领域教学计划，明确了逻辑思考、数与运算、测量、统计、规律与推理、空间与图形等数学子领域中各知识点的学习内容与发展目标，并为教师提供了日常生活、区域游戏、学习活动、节庆活动与亲子活动等多种实施途径的参考建议。

（六）实践策略，完善方案

经过近一个学期的深入学习与探讨，数学核心经验已在教师的心中悄然生根发芽。各班参照数学领域教学计划，结合本班幼儿数学能力发展情况制订了班级阶段教学计划，并在每周的周计划中体现数学核心经验的学习内容，将数学的学习自然融入幼儿一日生活各类活动之中。

专题问题式学习活动中的数学

　　生态厨艺中心温老师组织幼儿开展专题问题式学习"制作蛋糕"的活动过程中，幼儿提出不知道蛋糕要烤多久？并由此引发了争论。温老师意识到这是一个非常好的教育契机，可以巧妙地融入数学领域关于时间概念的关键经验。于是，温老师没有直接告诉幼儿答案，而是引导幼儿通过假设、验证，了解烤蛋糕的时长，并在手机上调好闹钟，按照幼儿预测的9分钟、20分钟等时间段引导幼儿观察、检查蛋糕是否烤熟。在等待的过程中让幼儿对当天的活动进行表征。

　　活动结束后，温老师在梳理观察记录的过程中不断反思，自己虽然没有让幼儿消极等待，但是觉得这个教育契机还可以更好地利用。在小组教研活动中，温老师提出了自己的困惑，学习小组成员对照数学领域的学习内容与发展线索进行积极探讨，在这个活动中还可以如何更好地引导幼儿感知时间的长短，建立良好的时间观念，并提出了一些优化的建议。

　　在充分听取大家的想法和建议之后，温老师重新预设了幼儿在认知方面可达成的目标，计划下一步开展认识时钟的活动，通过游戏让幼儿体验一分钟大概有多长，帮助幼儿理解时间概念。请幼儿列出自己一日作息时间表，如：几点到几点干什么？让幼儿知道吃饭大概半小时、户外活动一小时等，感知时间的长短。还可以请幼儿和家长共同讨论制订家庭时间管理计划表等，进一步帮助幼儿理解时间的概念，学会管理自己的时间。

　　通过以上案例，我们可以看到，数学核心经验的研训及数学领域教学计划的制订帮助教师明确了目标，为教师指引了方向，但在实践的过程中，教师仍会遇到新的问题与困惑，需要细心观察幼儿的数学学习行为，结合数学核心经验分析幼儿当前的发展水平，设定适宜的目标，提供有效的支持。解决问题的过程不是教师孤军奋战，而是充分发挥班务会、集体备课以及小组教研等多个团队小伙伴集体的智慧以及教研组导师的引领作用，通过对问题的深入探讨与分析及时进行调整与改进，促进教师在课程实践中对如何灵活运用数学核心经验有更深入的理解与体会。

四、评价

　　回顾整个研训过程，问题来源于教师在课程实践过程中的真实需求，因此能激发教师在较长的一个时间段持续地探究并将学习内容付诸实践。教师经历了自主学习、向专家请教、与同伴交流探讨、在实践中行动与反思等一系列过程。在这个过程中，教师深入理解了幼儿园课程理念，夯实了数学学科教学知识，理解并掌握了数学核心经验、不同年龄段幼儿学习数学的发展线索以及幼儿数学学习的方法与途径，提高了实践操作能力。

"我从小最怕学数学，总觉得数学是抽象难懂又枯燥的东西，这次的研训彻底改变了我的看法。原来数学的核心经验内涵如此丰富。对于孩子们来说，学习数学重要的不是掌握了多少知识，提高了多少运算水平，而是能培养逻辑化、条理化的思维方式，运用数学思维解决生活中的问题。而我自己，也在和孩子们共同探索数学王国的奥秘，共同成长，享受数学学习的快乐。"（朱老师）

"研训活动不仅帮助我掌握到搜集各类信息的方法与渠道，更学会了如何筛选归纳信息，不是盲目地套用相关案例，而是要结合自身的实践与思考选择最合适、最有价值的信息，并在实践中运用，在不断反思中总结经验，最终构建自己的知识体系。"（方老师）

第七章　学习环境研训

∽ 案例1：种植园环境创设 ∽

一、确定问题

　　种植活动是幼儿园常见的一种活动形式，是涉及生命科学、测量、合作、表现与表达、责任感、审美等多方面经验的活动。但在实际活动开展中，种植活动常常演变成"热闹一阵"的局面，或是成为家长和教师唱"独角戏"的舞台。幼儿的参与度较低，没有在活动中真正获得相关的关键经验。

　　为了在种植方面给予幼儿更多的学习机会，让幼儿能亲身参与种植活动，了解种植的每一个步骤，感知植物的生长过程，体验劳动的快乐，幼儿园给每个班级都分配到一块种植场地。但是每一个场地的位置、朝向、地面材料与设施设备都不相同，需要各班教师和幼儿共同打造属于自己班级的个性化种植园地。为此，幼儿园以"如何创设种植区学习环境"为研训核心问题，组建了种植园环境创设研训组，以班级为单位分成九个学习小组，由一位有丰富的理论和实践经验的教研员作为导师，带领各小组针对问题进行深入的分析，围绕问题开展学习和研讨，制订出每个小组的问题解决方案，并在实践中不断改进、优化。

二、开发研训方案

　　种植园的环境创设是开展高品质种植活动的基础，环境创设不仅是追求美观、创新，而且还要能真正落实"以幼儿为中心，支持幼儿深度学习"的课程理念。遵循以上观念，教研组对本次研训方案进行了精心的设计。

（一）拟订教师学习目标

　　首先，教师应该明确种植园活动的教育目标是什么，且这一目标应贯穿于后续活动具体的组织、实施和指导过程中，这是避免活动开展结果与初衷本末倒置的必然要求。

其次，教师应具备开展种植园活动的教学内容知识才能够较好地指导种植园活动，包括课程知识（幼儿能够在种植活动中获得哪些关键经验）、学习者的知识（不同年龄段幼儿的学习有什么特点）、教学法知识（如何指导幼儿在种植活动中获得关键经验）和教育情境知识（如何组织幼儿开展种植园活动），这是解决种植园活动问题的核心要点。

此外，教师还需要了解关于种植的一些基本概念，包括如何根据场地特点选择适宜的种植方式？需要哪些设施设备支持？如何选择种植的品种？种植活动要经历怎样的过程等。

最后，教师能够运用所学知识，完成种植区环境创设，并具备和幼儿一起开展种植活动、支持幼儿在种植区进行深度学习的教学能力。

（二）确定教师研训方式

种植区环境创设研训与教师的教育实践紧密相关，本次研训坚持做中学、边学边做的形式，教师通过自主学习等方式建构种植区环境创设方案后，亲身实践方案，在实践中不断进行反思、调整和完善，实践过程中穿插进行自主学习、小组研讨等研训活动，以解决过程中不断生成的新问题，最终支持教师在研训过程中解决实践中的真实问题，提升学习环境创设能力，发展专业素养。

（三）准备教师学习资源

随后，幼儿园组建了种植园环境创设研训组，以班级为单位分成九个学习小组，结合教师学习目标，为教师提供了部分相关的学习资源（见表7-1）。

表7-1　学习议题与学习资源清单

学习议题	学习资源清单
种植活动相关的教育内容。	园本课程资料。 植物学和园艺学相关书籍和视频。 幼儿园种植活动开展的相关书籍。
种植活动可用的幼儿教育或指导策略。	种植活动的相关文章（包括期刊文章、毕业论文、微信公众号文章等）。

三、开展研训

本次研训以班级为单位开展，尽管各班研训内容各有不同，但研训思路一致。下面以中一班研训为例，展示种植区环境创设研训全过程。

图7-1　分配到的种植场地

（一）认识问题、分析问题

中一班分配到的场地是幼儿园B栋三楼西侧的大阳台，面积约六十平方米，地面铺设了防滑地砖，除了四周的栏杆，整个阳台空空如也（见图7-1）。

在导师的带领下，班级三位教师形成学习小组，经过共同讨论分析，确定核心问题为"如何根据场地条件设计规划一个适合中班幼儿开展活动的种植园地?"

明确问题之后，教师结合已有的经验，将问题进行了分解。一致认为，要在这块场地创设适合中班幼儿的种植园，应该考虑五个方面的问题（见图7-2）。

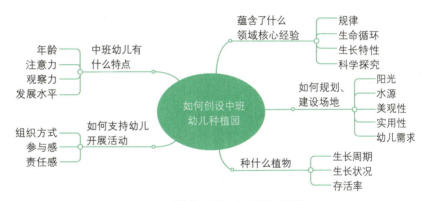

图7-2　分析如何创设中班幼儿种植园

（二）拟订学习议题

对于中一班三位年轻的教师来说，种植活动是一个全新的领域，教师要在工作学习中调整自己已有的知识结构，不断吸收和补充新的知识，才能更好地应对实践中的问题。因此，通过对问题的梳理，教师与同伴进行讨论，共同商量并拟订了学习议题。其中包括：

- 学习生命科学领域的核心经验及特征。
- 学习简单的场地设计规划。
- 了解幼儿常见的植物的生长特性。

- 了解中班幼儿的学习特点。
- 了解如何组织幼儿进行种植活动。

（三）自主学习

1. 搜索信息

拟订了学习议题后，教师通过多种途径寻找相关的学习资源，主要包括：查找园本资料、搜索幼儿心理相关书籍、查找建筑设计的书籍和图片、请教种植方面的专业人士、请教有种植经验的教职工及家长、在网站收集相关信息等。

2. 筛选信息

随后，教师将学习议题进行分配，每位教师都承担一部分学习任务，进行自主学习，明确、消化并梳理该部分与学习议题相关的具体内容。经过一段时间的自主学习后再交流、分享，让小组内的所有成员都掌握个人学习到的内容，提高了学习的效率。最后再筛选、整理出能够解决我们问题的信息。

在这个过程中，培训指导老师为教师指导了自主学习方法，包括如何快速阅读文献、如何利用思维导图整理文献，帮助教师更高效、高质量地学习。

通过共同讨论学习，教师将多种途径获取到的信息进行筛选归纳，得到了有价值的信息，即种植的品种需要满足以下的条件：生长周期短；可观赏或可食用；生长变化大；粗放好养；喜阳。接下来教师又根据以上的问题再次进行搜索信息、筛选归纳，得知块根类植物和藤类植物都满足以上条件。

在这一过程中，教师积极与幼儿及家长互动，鼓励幼儿和家长共同搜集信息，共同参与讨论，激发幼儿的主人翁意识。在基本确定了适合种植的植物类型之后，由幼儿集体投票选出班级要种植的植物是藤类植物，如黄瓜、荷兰豆等。

（四）形成问题解决方案

根据前期自主学习的内容，小组进行讨论，在导师的引导下共同建构问题解决方案，并与其他学习小组交流。在这个过程中教师又发现了其他小组的方案中值得学习的地方，也接受了其他小组对方案提出的建议，进一步改进方案，最终形成了班级的种植活动方案，主要包括两个方面：种植园地环境创设方案，中班幼儿种植活动指导要点。

1. 环境创设方案

（1）场地SWOT分析

首先，教师通过观察所分配的种植场地特征，结合SWOT分析法对场地进行了分析（见表7-2）。

表7-2　场地SWOT分析表

S 优势: 阳光充足。 面积大。 近水源。	O 机会: 可以开展持续观察。 全新天地,丰富幼儿创造性与想象力。
W 劣势: 瓷砖地板,排水困难。 易打滑。	T 威胁: 全新天地,需要开拓。 无遮挡,不利喜阴植物的生长。

（2）植物种类

经过前期一系列的自主学习，综合考虑各种因素，教师认为适合种植的植物要满足以下的条件：生长周期短、可观赏或可食用、生长变化大、粗放好养、喜阳。通过筛选归纳得出块根类和藤类的蔬菜满足以上条件，最后教师与幼儿一起开展讨论得出最终种植的植物是藤本蔬菜（见图7-3）。

块根类蔬菜　　　　　　　　　　　　　藤本蔬菜

图7-3　植物种类

（3）材料准备

根据选择种植植物的种类，需要准备适合藤类植物生长的木架子、木棚，还需要准备支持幼儿开展种植活动的辅助材料，包括各种常见的种植工具和幼儿记录的册子及书写工具。

（4）环境预期效果

通过前期的自主学习，教师筛选出适合本场地的相关案例，初步设计了种植园地的规划效果图（见图7-4）和预期效果图（见图7-5），包括适合幼儿高度的花槽、植物攀爬的木架、遮阳的草棚等。同时在场地上铺上碎石头、鹅卵石或人造草皮，这样既美观也可以解决之前所遇到的地砖积水易打滑的问题。

图7-4　种植园地的规划效果图　　　　　　　图7-5　预期效果图

2. 种植活动指导要点

（1）激发幼儿主动参与种植活动的兴趣

在好奇和兴趣中拉开种植活动序幕。主要采用以下两种形式激发幼儿的好奇和兴趣，包括：①以问题探究激起幼儿的好奇；②以收获激发幼儿的兴趣。

给予幼儿决策的权利，提高幼儿参与的主动性。主要包括以下几种方式：①通过民主投票为种植园命名；②幼儿自由结伴，与两三个伙伴共同经营种植园中的一块种植地，自主照顾植物并做好记录；③鼓励幼儿以多样化的方式探索植物。

提供以幼儿为中心的环境支持。幼儿是环境的主人，应该让他们按照自己的意愿和想法来设计环境，自主劳动和探究。因此，一方面环境的创设要能够适宜幼儿的使用；另一方面在种植园的环境布置中要尝试留白，多给幼儿想象、探索的空间。

（2）为幼儿创造自主管理种植地的机会

环境开放化，时间安排多样化，给予幼儿自主管理的空间。一是可以把照料时间贯穿在幼儿一日生活的各个环节中；二是借助家园合力，邀请家长参与活动，利用每天来园和离园的时间，与幼儿共同照顾植物，带领幼儿到种植地浇水、松土、除草、杀虫、观察。

允许幼儿在错误和问题中尝试，营造自主探索的氛围。一是当发现幼儿出现错误、遇到问题时，不要急于告诉他们答案或暗示，左右幼儿的思考；二是要放手让幼儿自己寻找解决办法。

发动幼儿自主制订"小地主"管理公约，保障幼儿自主管理的效果。在运用管理公约时需要注意以下几点：第一，给予幼儿充分的自主权；第二，引导幼儿自觉遵守公约；第三，培养每一个幼儿的主人翁意识，与同伴互相监督、交流，达成共识。

（3）在活动中促进幼儿获得关键经验

为幼儿在最近发展区获得认知发展搭建支架：①适时介入，搭建支架，引导幼儿深入探究；②成为幼儿的同伴和合作者，与幼儿共同探索；③提供工具和资料，支持幼儿的自主学习和探究。

鼓励幼儿合作，感受劳动的乐趣，促进幼儿社会性发展。种植活动开展的过程中，教师可以通过多种措施对幼儿的合作意识、分享意识、劳动意识进行引导。主要包括：①在种植的各个环节中，引导幼儿合作；②引导幼儿意识到合作劳动的成果与喜悦，鼓励幼儿之间互相分享。

（五）实施问题解决方案

经过前期的研讨和学习形成的问题解决方案是否在实践中能够切实产生效果呢？还有没有其他的问题没有考虑到？这是教师在实践阶段聚焦的主要问题。为此，教师在实践中检验问题解决方案，经历拟订种植活动环节—实施行动—考察结果—反思的过程。

首先，按照种植园地环境创设方案，班级教师在后勤人员的配合下很快完成了场地改造和配套设施设备的完善。地面铺设了人造草皮，根据场地形状用防腐木制作了不同大小及高度的种植框，填满了营养土，搭建了植物攀爬木架和便于幼儿休息的草棚，投放了适合幼儿使用的各类种植工具等。

同时，拟订了班级开展种植活动的具体实施计划（见表7-3）。

表7-3　种植活动实施计划表

环节	幼儿活动	教师支持与指导
命名种植园	自主取名字。 投票确定名字。	引导幼儿发挥创造力取名字。 将幼儿取的名字制成标识牌挂在种植园。
确定种植植物	分小组讨论种植植物。	多途径激发幼儿种植的兴趣。 提供多样化的种植选择。
准备工作	了解选择的植物需要怎样的生长环境。 根据植物的需要开展准备工作，包括补充工具、翻土、搭建支架物等。	提供相关资讯，如图书、视频等，引导幼儿了解植物生长的基本需要及种植常识。 提供适宜幼儿的种植环境及基本工具，引导幼儿思考需要如何完善种植环境。 做好家园联系工作，发动家长参与准备工作。
播种或育苗	根据植物的习性播种或育苗。 观察记录植物的发芽情况。	提供种子或种苗、育苗方法及工具支持，指导幼儿恰当使用工具。 引导幼儿观察、测量、记录。

续表

环节	幼儿活动	教师支持与指导
植物生长日常管理	制定种植园公约。 利用一日生活中的区域活动、餐后散步、入园离园等时间进行观察和管理。	引导幼儿讨论、记录种植园公约，并逐步完善。 指导幼儿进行观察、测量、记录、探究等活动。 协助幼儿进行常规管理。
收获	收获蔬菜、果实、花卉等，探究用途。 收集种子，用于下一轮种植或分享。 回顾植物的生长历程及小组的劳动过程。	与幼儿园厨房、家长联系提供烹饪和使用支持，引导幼儿了解植物的用途。 协助整理，展示观察记录，引导幼儿认识植物的生长周期。

第一轮方案实施历时两个月，中一班开展了一轮完整的种植活动。幼儿经历了播种、育苗、浇水、松土、采收等种植的全过程。

在这一过程中，教师不断检验问题解决方案和计划的各个环节的实践效果，随时记录发现的问题，并通过小组教研及时调整解决问题的策略。

观察发现，幼儿能够以较高的热情投入种植活动，有良好的合作意识，观察、记录等多方面认知能力获得发展。但是种植活动是一个需要长期坚持才能有所收获的过程，在种植活动的中后期，由于教师跟进力度降低，且植物的生长变化不大，幼儿参与的积极性有所降低，这是教师遇到的主要问题。经过分析发现，问题的核心在于"如何保持幼儿种植的积极性"。经过再次讨论和自主学习，我们补充了新的问题解决策略：多样化形式激励，保持幼儿活动的热情。

第一，吸引家长参与种植活动，促进亲子之间相互带动。一是邀请班级中有种植经验的爷爷奶奶担任幼儿的种植顾问；二是通过家长微信群分享种植体验，吸引更多的家长参与种植活动，享受亲子种植的乐趣（见图7-6、图7-7）。

图7-6　家长和幼儿一起种植

图7-7　家长和幼儿一起浇水

第二，引导幼儿关注劳动的成果，体验收获的快乐。劳动的成果包括植物的生长变化和果实，教师应该引导幼儿建立劳动与收获的关系，与幼儿一起享受收获的快乐。

第三，定期开展经验分享交流会，鼓励幼儿大胆表达，分享自己的观察记录，以及在种植活动中的发现和故事。

第四，邀请他人分享劳动成果，如邀请其他班的幼儿来参观，开展写生、绘画活动，邀请家长、教师等一起欣赏。

四、评价

一个阶段的方案实施之后，教师梳理、汇总在这个过程中学习到的知识，将学习成果保留了下来。在此过程中，参训教师应对实际教育问题、自主学习、合作学习的能力获得提高，教师专业素养得到提升。

回顾整个学习过程，在设计方案的过程中，最有挑战性的就是学习如何筛选归纳信息。因为在解决一个小问题的过程中，教师都可以从不同的渠道搜索到非常多的信息，要在这些信息中得到最有价值的，就需要在讨论中不断地进行对比、思考和筛选，最终才能得到最合适、最有价值的信息，真正运用学习到的知识。而在实践过程中，最考验的是教师的观察和反思能力，通过细心的观察不断检视方案的有效性，及时发现实践中的问题，并及时地调整策略。这一过程中教师还学习了如何搭建资源，有效地提高了合作解决问题的能力。

以下是中一班教师在研训结束后的自我评价与反思：

"经历了这次研训，我对种植区域的环境创设、种植活动的开展有了更深入的认识，我明白了小小的种植区环境其实蕴含着教育的大智慧，种植区并不仅仅是一个装饰区，并不是好看就行，在选择种植作物、规划环境时都要从孩子的学习与特点出发。只有在创设环境的时候从孩子出发，我们才能支持孩子在种植区产生有意义的学习，而不仅仅是短暂地观察、摆弄植物，种植区才能发挥它的教育价值。"（谭老师）

"研训前我对于种植确实知之甚少，所以很担心种植区环境创设的最终成果，然而在研训过程中我越来越有信心，在自主学习的过程中我获得了有价值的信息，在建构种植区环境创设方案时，我也遇到了很多挑战，但是因为班级另外两位老师和我一起，我们最终克服了种种困难。通过这次的研训，我体会到了自主学习和团队合作的价值，以后如果遇到了专业上的问题，我也不会总是退缩害怕了。"（梁老师）

"这次的种植区环境创设研训让我对于种植区的价值有了更深刻的认识，也知道了该怎么有效地支持孩子在种植区的活动，如何把生命科学、数学等领域的经验自然地和孩子的种植活动结合。除此之外，这次研训我们检索、搜集了很多学习资源，在阅读、整理有价值的信息资源的过程中，我们每个人都很投入，而且经过了大量的研讨，最终建构和实践了环境创设方案，这个过程极大地锻炼了我的信息素养和学习能力。"（陈老师）

　　同时，问题式学习这样的分析和解决问题的方法可以适用于教师在培训后的工作中遇到的新问题，如教师合作学习完成其他环境创设方案的设计，包括科学区、美工区的环境创设方案等，或班级活动方案的设计，如班级图书漂流活动、母亲节活动等。这能让教师在未来的工作学习中应对新的实践问题时能更专业、更有信心。

～ 案例2：幼儿园问题式学习环境研训 ～

一、确定问题

　　教师作为课程实施的主体，不仅需要能够灵活组织课程实施，也需要具备一定的课程建构能力。当前尽管对教师的课程培训在不断地升级，但由于处在不同职业期的教师专业起点不同，教学实践经验有差距，对问题式学习课程与教学理解的程度也参差不齐。许多教师在建构性地开发课程、实施课程的过程中遇到了很多问题，比如对问题式学习课程理念及基本框架理解不够深入，不知道如何把握活动的目标、不知道如何设计活动、不知道如何追随幼儿的问题开展探究性的活动等。

　　"教与学"是问题式学习课程中的重要部分，影响着整个课程活动的流畅性和质量，因此提高教师问题式学习课程实践能力成为本园园本课程实施的关键点。所以，本园组织了以"问题式学习案例设计、实施与反思"为主题的研训活动，力图通过问题式学习的形式帮助教师厘清问题式学习课程理念及基本框架，梳理问题式学习课程设计中遇到的问题以及解决策略。

二、开发研训方案

（一）研训目标

　　第一，深化教师对幼儿园问题式学习课程理念的理解，强化教师对相关理论的学习和反思。

　　第二，提高教师设计、开展幼儿园问题式学习活动的能力。

　　第三，调动、提高教师参与课程设计、开发以及实施的热情。

（二）学习资源

- 幼儿园问题式学习环境学习资料。
- 专题培训PPT。
- 教师自主搜集、筛选的相关优秀案例。

（三）研训方式

整个活动过程计划时间为一学年，预期计划如下。

理论学习，问题初现：开展专题培训，确保参训教师对幼儿园问题式学习环境的理念与基本要素有初步的了解。在培训过程中，要及时捕捉和记录教师在理论学习部分产生的疑惑和问题，导师团队需要判别该问题是可以当场解决还是作为开展下一步活动的核心问题。

分组研训，形成认识：为促进活动更高效进行，按照年级组、岗位进行分组。以组为单位形成问题、搜集案例、自主学习，从而形成小组的初步认识。随后再进行集体分享、小组互评、导师点评，最后总结梳理，形成对问题式学习活动设计的初步认识。

自主设计，制订方案：以小组为单位，在形成认识的基础上挖掘班级幼儿的兴趣点和问题，设计一套完整的问题式学习活动方案。

实施方案，反思调整：按照设计方案以班级为单位开展问题式学习活动，并在过程中不断记录遇到的问题、预想解决策略，调整原有的问题式学习活动方案。

案例展示，总结反思：教师整理活动实录，自主总结反思。优选案例进行团体分享交流，再由小组评估总结与反思，并将优秀案例汇编成册。

三、开展研训活动

（一）学习幼儿园问题式学习环境八要素，评估已有案例，发现问题

1. 理论学习

问题式学习课程遵循建构主义的理念，坚持以幼儿的"学"为中心，通过设计学习环境的外围要素，引导幼儿进行积极主动的学习活动，并为幼儿提供知识建构和问题解决的支撑。在借鉴乔纳森提出的建构主义学习环境六要素的基础上，结合我园问题式学习课程实践，我们形成了幼儿园问题式学习环境八要素（Kindergarten Problem-based Learning Environments，K-PBLEs）：学习空间、学习时间、问题、相关案例、信息资源、认知工具、学习共同体、社会背景支持。

教师在进行教学设计时考虑这八个要素，可以为幼儿的问题解决提供全方位的支持。鉴于此，为了帮助全体教师开展更高质量的问题探究活动，导师团队组织了幼儿园问题式学习环境的理论培训。导师结合以往问题式学习活动案例，以问题作为牵引，从"为什么要学习幼儿园问题式学习环境？""幼儿园问题式学习环境是什么？""如何应用幼儿园问题式学习环境？"三个方面生动地讲解了幼儿园问题式学习环境的概念、结构与要素，帮助教师对八个要素建立了初步认识。

2. 评估与反思

接受初步的理论培训后，教师明晰了建构主义教学理念与传统教学的区别，同时意识到要将教学设计与学习环境相融合，而幼儿园问题式学习环境设计的理论、模型与方法可以促进新型教学范式的构建。

随后教师通过自制K-PBLEs知识图谱厘清和建构自己对于学习环境八要素的认识，以此为依据，教师再对当前问题式学习的教与学进行自评，反思本班当前的问题式学习课程实践包含各个要素吗？与理念一致吗？出现了什么问题？如何更好地将这些理念落在实践中？（见图7-8）

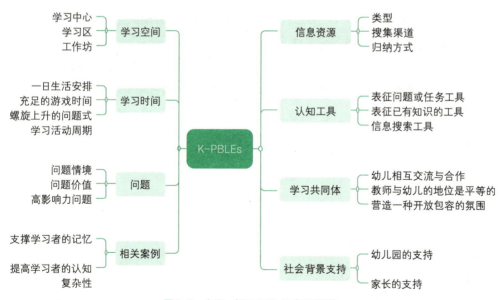

图7-8　小班一组K-PBLEs知识图谱

（二）组建研训小组，认识问题

1. 组建小组

为了使讨论更加充分，学习更加高效，组织者根据年级和备课时间分成了九个小组，每个小组3~5人。确定成员后，他们确定了组内的组长、汇报员、书记，并明确了各自的责任（见表7-4）。

表7-4　小组成员分工

岗位	职责
组长	组织讨论：引导与激发讨论气氛，调动每个人的积极性；掌握讨论方向，及时总结明确；处理讨论冲突；分配任务；时间控制。
汇报员	在小组讨论结束后将小组成员的问题、思路、观点、结论等归纳整理成相应的书面材料或多媒体报告；在大组中进行交流汇报。
书记	研训过程中记录教师讨论内容；研训结束后完善研训时没记录的内容，梳理记录的内容。

2. 认识问题，拟订学习议题

确定学习小组后，以年级组为单位对问题进行了深入的讨论，初步分析了现有问题背后的原因，并且提供了一部分问题的解决策略。随后，导师团队对剩下的未能解决的、共性的问题进行了进一步的梳理和分析，发现当前教师实施问题式学习教与学的共同问题聚焦在K-PBLEs的"问题"这一要素中，表现为"问题"的真实性、相关性、吸引力不足，问题情境的探索空间小等，需要考虑如何调整当前的方案。针对其他的要素如相关案例、信息资源等方面，教师提出的问题相对较分散，在交流过程中也提出了不少解决问题的策略和想法（见表7-5）。

表7-5　部分问题及学习议题

领域	问题	原因	学习议题	初步的解决方案
问题	问题的真实性、相关性、吸引力不足，探索空间小，问题的表征方式欠妥。	幼儿当前水平较高，并没有遇到预设的问题。问题情境被过度简化，失去真实性。问题离幼儿的生活较远。问题的表征方式单一，不够有趣。	如何聚焦"高影响力问题"，提升"问题"的复杂性、相关性、真实性、吸引力。	将问题情境与材料常态化，如提前投放在区域中，教师观察幼儿会产生什么问题。建立问题案例库，根据幼儿的需要提取。提升问题表征的适宜性和趣味性。

领域	问题	原因	学习议题	初步的解决方案
问题	教师的引导语难以引出幼儿的提问。	青年教师不理解幼儿语言的年龄特点。 不清楚开放、适宜的提问、互动应该怎么做。	教师的引导语/问题的表征方式。	组织相关培训和观摩学习。
学习共同体	难以形成知识共同体。	教师提出搜集信息的问题封闭性较强，幼儿贡献的知识相似度高。 共建的知识没有成为幼儿的共识或成果。	知识共建的方法。	调整信息搜集的形式和要求。 通过认知工具形成知识共同体。
学习共同体	没有形成对话共同体。	教师与幼儿的距离、幼儿之间的对话有距离。 不能独立贡献策略，重复他人的想法（中小班）。	如何帮助幼儿形成对话氛围。	参考蔡伟忠"一臂之遥"的对话举例。 采用不同的对话形式。
学习共同体	难以形成学习者共同体。	各自为政，难以合作讨论形成共识。	如何帮助幼儿形成学习者共同体。	帮助幼儿形成学习者共同体。
社会背景支持	社会资源的运用不适宜。	开展的参访活动并不支持幼儿的问题解决。 没有适宜的参访资源。	调整参访活动，制订参访活动方案。	调整强制参访的要求。 形成社会背景资源库提高参访对幼儿问题解决的支持性。
社会背景支持	活动空间不适宜。	空间相近，讨论热烈，互相干扰。 中小班没有投影仪，难以呈现及展示。		调开空间。 考虑小班安排在上午。 增加可移动投影仪。
社会背景支持	环境对开展的支持不足。	幼儿园的环境难以支持活动的有序开展。		考虑调整环境提供支持。
社会背景支持	幼儿园资源利用率不高。	开展问题式学习活动时室内外所有空间都已有安排，无法利用其他空间和资源。		灵活调整时间。
社会背景支持	家长参与的积极性不高。	过于频繁。 参与的形式比较单一，家长没有动力。 低年级家长缺乏热情。	调动家长参与积极性的方法。	多种形式调动家长参与积极性。

（三）针对聚焦的问题，开展自主学习与小组合作学习

1. 讨论策略，展开相关案例的搜集/筛选与学习

导师团队首先组织教师对"问题设计"中存在的问题进行了回顾和分析（见表7-6）。

表7-6　"问题设计"中存在的问题

问题表现	成因
幼儿当前的认知水平较高，并没有遇到预设的问题。如小班自理能力相关活动，班里最后一组幼儿受到过问题式学习活动的环境或受到参与过问题式学习活动的同伴的影响。	问题的基本成分
问题过于简单，不是复杂问题，不够真实，如"小滚筒打保龄球"。	真实性
问题离幼儿的生活较远，如"虫虫危机"。	相关性
问题解决方式单一，探索的空间小，如"搭高"。	操作空间
问题情境不够有趣，缺乏吸引力，幼儿没有探索的兴趣。	趣味性与吸引力
不知道如何引导幼儿选取有价值的问题。	高影响力

"选取有价值的问题"是问题式学习的核心，当前的问题式学习活动教案问题设计存在这么多的问题，怎么办呢？——重新设计问题式学习活动方案。但是，到底什么样的问题情境是比较理想的问题式学习问题情境？什么样的问题式学习活动是我们共同认可的？为达成共识，教师开始寻找关于理想的问题式学习活动的相关案例。经过头脑风暴，发现了多个收集相关案例的途径。

与此同时，为了提高收集信息的效率，各个小组认领了不同的收集任务，小组内进行初步筛选后再集体进行第二轮筛选。

2. 开展相关案例分享交流活动，发现亮点，形成共识

经过两轮筛选，教师精选出二十多篇优秀的相关案例，开展了面向全体教师的案例分享活动。为提升活动实效，分享者要重点呈现发现问题、解决问题的过程，抓住突出的亮点，发现案例中的启示。其他教师则要在倾听的过程中认真记录每一篇案例的启示和亮点。无论是分享者还是倾听者都需要思考以下几个问题：

- 案例缘起于什么活动/事件/思考？
- 案例中儿童遇到了什么问题？

- 案例中教师是如何回应幼儿的问题的？
- 案例是否能够体现学习环境八要素？如何体现的？

随后，导师团队综合了各小组的讨论结果，将取得共识的亮点进行梳理，与K-PBLEs八要素比对联结，归纳提炼出理想的问题式学习活动的原则和要求：问题具有真实性、趣味性、可操作性；问题解决需要建立在幼儿的已有经验上；幼儿能够获得解决问题所需要的信息；幼儿可以运用多种工具进行表征；问题解决过程中幼儿具有交流与合作的时间与空间；具有环境支持。

（四）自主设计问题式学习活动案例

明确了问题式学习生成的原则与要求之后，教师开始积极构思和创新问题式学习活动。过程中各级组形成的学习共同体定期分享、共同研讨，给予教师对话与协作的平台，支持教师生成式的设计与实践，并通过小教研不断优化活动设计。

1. 观察幼儿兴趣点，确定活动主题

"以幼儿为中心"首先要尊重幼儿的兴趣。起初，教师最困惑的是"如何找到幼儿的兴趣点？从哪里找？哪些兴趣点值得去探究？""幼儿兴趣点容易转移，教师该如何跟随和把握？"等。针对教师的问题，各级组积极引导教师在日常生活与游戏中细心观察，倾听幼儿的想法和需要，捕捉幼儿的兴趣点，并在小教研中交流自己的观察与发现，提出问题与困惑，进行思维的碰撞。

同时，教学管理层对教师给予充分的放权，不限定活动开始的时间和周期，鼓励教师在充分观察和了解幼儿的基础上，逐渐转变自己的思维方式，真正意义上去跟随幼儿的兴趣开展探究活动

当教师真正蹲下身来观察时，幼儿的学习热情与探索精神让他们感到万分惊奇。例如，小班幼儿想要了解牙齿里的蛀虫，中班幼儿对"养鸟还是放鸟"这一问题产生了争论，大班幼儿想要做个稻草人赶走种植园地里偷吃菜苗的小鸟等。这些来源于幼儿真实兴趣的问题为教师和幼儿打开了全新的探索空间。

2. 设计问题情境，创设环境，启动幼儿的活动

有了初步的构思之后，教师尝试创设问题情境，启动幼儿的活动。在这一环节，教师往往容易落入以往的套路，迫不及待地按照自己的想法准备一大堆材料，力求把控幼儿学习的整个过程。

如杨老师想设计一个玩水的问题式学习活动，认为中班幼儿可以开展关于沉浮的探究，但是又担心要准备的材料太多，过程难以把控。通过大家讨论与导师的引导，杨老师意识到，原有的活动设计性太强，环境材料都是教师给予，却不一定能满足幼儿真实的兴趣和需要。而现在要做的正是要打破原有框架，学会留白，为幼儿也为教

师自己留下思考的空间。环境、材料、玩法，包括活动地点与活动实施的时间都可以让幼儿参与其中，跟随幼儿的兴趣去生成，让幼儿来决定玩什么？怎么玩？在哪里玩？需要什么材料？把自主权真正还给幼儿，追随幼儿，聚焦他们感兴趣的问题及解决问题的过程。

随后，杨老师调整了自己的设计方案，不再忙于自己准备材料，而是鼓励幼儿自己寻找适合玩水的场地、材料，支持幼儿自己决定游戏的玩法。

（五）实施问题式学习活动方案

1. 聚焦幼儿遇到的核心问题

问题是问题式学习活动的焦点和核心。当幼儿提出各种各样的问题时，教师需要做出判断，哪些问题是需要被解决的，而且解决方案对于个体或者集体来说都是有价值的。这也是教师在实施问题式学习活动过程中的难点。

通过观察与交流，研训组的导师们发现，教师在开展问题式学习活动中普遍存在由于对幼儿的年龄特点与学习方式把握不当而难以精准聚焦幼儿的核心问题。鉴于此，各级组利用集体备课时间开展了小教研，导师团队提供了《指南》和园本课程目标等相关的学习资源帮助教师把握方向。

例如，小班组教师反映："小班幼儿提不出问题，经常要引导半天。那么如何确定他们是否存在问题？存在什么问题？如何深入探究？"基于这一问题，小班开展了级组小教研，帮助教师进一步理解了筛选核心问题的原则。导师团队引导他们思考下列问题：

- 问题是否具体？
- 是否包含丰富的、第一手的、直接的经验以及幼儿可操作的真实物体？
- 是否可以与幼儿的已有经验相联系？
- 是否有相关案例或信息资源？
- 是否有多样的探究途径？
- ……

小班组教师意识到针对小班幼儿，首先需要明了小班幼儿处于具象思维阶段，小班幼儿需不断摆弄物体，重组材料，不断模仿，从而获得相关经验。因此他们的提问本身即是探索，并且提问形式往往以陈述句出现，教师不必拘泥于形式，而是把焦点放在幼儿问题本身。教师应该选取小班幼儿一日生活中有意义的问题，这类问题能够解决小班幼儿现实中存在的认知冲突。比如小班组问题式学习活动"整理书包"，问题来源于幼儿的现实生活，并且有利于常规的培养。

2. 应用幼儿园问题式学习环境八要素支持幼儿的问题式探究

前期开展的幼儿园问题式学习环境的理论培训，使每一名教师对于幼儿园问题式学习环境的理念与基本要素有了一定的理解。实施问题式学习活动方案时，教师也积极尝试应用幼儿园问题式学习环境八要素来支持幼儿的问题解决。譬如教师在实施活动中发现了当前收集信息资源的方式过于形式化，对帮助幼儿解决问题没什么作用。

针对这些问题，研训组及时开展了小教研活动。首先引导教师回顾幼儿园问题式学习环境八要素，检索和分析前期所绘制的知识图谱，通过讨论共同拟订了拓宽幼儿信息资源收集渠道的策略：

- 教师可以多准备相关方面的书籍投放在教室中。
- 选取适合幼儿学习特点的信息资源形式，如绘本、视频、音频等。
- 每一个问题式学习活动都可以建立一个信息资源库，尝试资源互通。
- 利用多媒体设备支持幼儿学习使用关键词现场进行检索。
- 调动家长的参与性。

3. 引导幼儿构建策略、实施、总结与反思

在户外活动中，大班幼儿发现种植园里的菜苗总是被小鸟吃掉，想到要做一个稻草人来驱赶小鸟，但是稻草人是什么样的？用什么来做？怎么做？这些问题引起了幼儿的认知冲突。由此，黄老师组织一组幼儿围绕"怎样制作稻草人"这一核心问题展开了"制作稻草人"的问题式学习活动。幼儿首先通过各种途径搜集了大量与稻草人相关的信息资源，并在此基础上设计并制作了一个稻草人。

问题解决过程中，幼儿的策略构建并不是一蹴而就的，而是在幼儿反复的操作、尝试中不断发现问题，并通过小组讨论、多次试错、寻找相关信息资源来调整和确定策略。当幼儿产生新的问题时，教师不急于给出答案，而是将问题反抛给幼儿，引发幼儿的争论，支持幼儿的想法，鼓励他们大胆去尝试自己的想法。

幼儿的总结与反思主要通过回顾学习过程、自评和同伴互评来实现。每一次活动结束后都会有一个小结，幼儿会主动说出今天做了什么，和谁一起做，遇到了什么问题，是怎么解决的，等等。在"制作稻草人"的问题式学习活动中，幼儿自己制订了帮每个班的种植园地做一个稻草人的目标，因此幼儿会通过制订统计表的方式来回顾活动，每天结束后孩子们会记录今日完成数量并与总数比对，以此来进行总结和反思。

（六）总结与反思

问题式学习活动结束后，幼儿园组织开展了问题式学习活动案例团体分享交流活动。每位教师都有机会向大家介绍自己问题式学习活动的实践过程，分享自己的体会

和困惑，其他教师则对照幼儿园课程目标体系对活动进行客观评价，同时通过小组互评与导师点评，指出每一个活动的亮点与建议。整场分享活动中亮点纷呈，教师充分感受到，当教师真正从幼儿的视角出发，追随幼儿的兴趣与需要时，幼儿会表现出更加强烈的探索欲望和积极主动的学习状态，活动过程中常常迸发出令人惊喜的"哇"时刻。

通过现场的分享与点评，研训组对下阶段问题式学习活动中的教与学的研究也有了进一步的计划。

- 将所有案例的亮点和建议进行整理、归纳，进一步提炼问题式学习活动教学模式的特点、组织方式、问题选择原则等。
- 引导教师寻找自身知识漏洞，分层、分批、有针对性地开展体验式培训。从教师迫切需要解决的问题开始，采用问题式学习活动教师培训的模式展开研讨。
- 关注问题式学习活动支持性环境的创设，提供更具开放性的材料，使幼儿自然投入到问题式学习活动探索活动中。
- 提升教师的观察与评价能力，通过培训、观察练习等方式，提升教师专业素养，引导教师关注幼儿典型行为表现，并分析背后的成因，提供适宜的支持。

四、总结与评价

在问题式学习案例设计、实施与反思的研训过程中，教师从最初的迷茫到最后的全情投入，儿童观与教育观发生了根本的转变，对如何做到"以幼儿为中心"有了更深的理解，学会了做一个"隐形人"，慢慢地退到幼儿的身后，支持幼儿自主探索。

问题式学习活动的研训模式也使教师成为主动的学习者，在不断反思自身教学实践的过程中提升了问题意识。在搜索案例、分享案例的过程中，教师的信息搜索能力、教育技术技能、演讲表达能力等也得到了充分的锻炼和提升。研训过程中充分发挥了团队合作的力量，导师团队的引领及各级组形成的学习共同体为教师的专业成长提供了有力的支持，营造了积极的、浓郁的学习氛围。

案例1：支持幼儿自主性在一日生活中的体现

一、确定问题

"一日生活皆课程。"幼儿的学习贯穿一日生活的各个环节。幼儿园的一日生活环节是具体的，甚至是琐碎的，教师既要满足幼儿的生理需求，促进其体格和身体机能的发育，又要让幼儿感到规律、稳定、安全和被接纳的心理氛围；既要照顾、关心和帮助幼儿，又要切实维护幼儿的尊严，培养幼儿的独立性、自主性，满足幼儿探索和自我服务的需要。[1]由于一日生活的琐碎性和复杂性，教师在一日生活组织与实施中遇到了各种各样的问题。

"一日生活环节转换的时候小朋友总是拖拖拉拉，需要老师不断提醒，有没有什么办法能让小朋友自觉自主地进行环节的转换?"

"午睡时有的小朋友自己不睡觉，还发出声音打扰别人。"

"进餐时有的小朋友喜欢坐着发呆，有的挑食，有的只顾着聊天，有很多剩饭、倒饭的。"

"离园环节孩子比较躁动，怎样组织才能既有序又有价值?"

……

这些问题分布在一日生活的各个环节，各年龄段、各班级所表现得突出的问题各有不同。为了支持教师个性化地、有针对性地解决问题，我们决定分小组开展问题式小教研活动。所谓"问题式小教研"，是指针对教师实践中遇到的个别的小问题展开学习和探究，建构解决策略。与组织全园教师围绕某一专题开展的问题式研训不同，问题式小教研可以聚焦非常微小的问题（如班上有孩子喜欢吃手怎么办），探究的主体可以是一名教师或少数几名教师。问题式小教研具有更强的灵活性、针对性，非常适合作为一日生活组织实施的研训形式。

---

① 宋文霞、王翠霞：《幼儿园一日生活环节的组织与实施》，3页，北京，中国轻工业出版社，2015。

　　由于各个年龄段的问题具有较大的相似性，此次研训以年级组为单位，各年级组选择聚焦一个核心问题展开探究，认识问题，分析问题，搜集和筛选信息，展开自主学习与小组讨论，建构策略，实践应用。年级长作为导师支持、跟进整个探究过程。在各年级组共同探究问题解决策略的基础上，各班教师可根据本班的具体情况选择适宜的策略。

二、开发研训方案

　　幼儿园经过筛选，为教师购买了"一日为师"线上培训平台资源，其中包含一日生活组织实施的相关培训，并通过深圳图书馆、当当网购买了一批与幼儿园一日生活组织相关的书籍，在中国知网、百度学术等学术平台搜集下载了相关文献。同时鼓励教师通过微信公众号、幼师口袋、幼师宝典等多种信息检索途径搜集更多一日生活组织实施方面的信息资源。

（一）教师学习目标

　　第一，通过自主学习解决一日生活组织实施的真实问题，提高一日生活组织能力。
　　第二，能够通过多种途径搜集信息，并从中筛选有价值的信息。
　　第三，提升实践反思能力。

（二）学习资源

　　组织者通过深圳图书馆、幼儿园图书室、当当网为教师准备了相关书籍，通过学术搜索引擎搜索下载了相关文献，提供了相关的学习资源包。

（三）研训形式

　　以问题式学习小教研模式开展研训，发挥年级长的引领作用，支持教师以小组为单位开展问题探究，提供交流研讨的平台，激发教师的主动性和积极性，促进教师对教育实践的反思和总结。

　　形成小组。针对个别班级出现的问题，教师以班级为单位形成学习小组，利用班会时间开展交流讨论。对于同一年级组的共性问题，相同备课时间的教师形成学习小组，每个小组锁定一个需要共同解决的问题展开探究。

　　搜集信息。聚焦问题后，教师通过图书、文献、网络等多种途径搜集与问题相关的信息资源，并从中筛选出有价值的信息。

　　自主学习与合作学习。教师利用搜集到的信息展开自主学习，将自主学习的收获在小组内分享交流。小组成员进行头脑风暴，建构更多的策略。

专家指导。必要时邀请专家入园指导，与教师进行交流，帮助教师提升专业认识，以更科学的态度和方式对待一日生活中出现的问题。

实践应用。经过学习建构策略后，在实践中应用策略，观察效果，反思成功或失败的原因。若未能解决问题，则须开展新一轮自主学习，建构新的策略。

三、开展研训

教师形成了多个学习小组，各组根据实践的具体情况，聚焦不同的核心问题，分别开展了个性化的探究活动。有的小组聚焦于某一个环节的问题，如幼儿的进餐问题、幼儿的入园和离园环节如何更有序、晨谈如何组织等；有的小组聚焦于从一日生活整体的角度出发，例如如何在一日生活中培养幼儿的自主性、如何将学习内容渗透在一日生活各环节中等。各个小组虽然聚焦的问题有所不同，但都是以问题式学习的方式开展研训活动。下面以如何在一日生活中培养幼儿的自主性和如何让离园环节既有序又有价值为例，介绍学习小组的问题探究过程。

（一）案例1：如何在一日生活中培养幼儿的自主性

1．认识问题，分析问题

在一日生活组织实施的集体研讨中，小班组教师提出了一些共性的问题：

"小班幼儿有些感觉还比较懵，入园环节换小白鞋的时候坐在凳子上发呆，放完水杯果盒就不知道该做什么，很多环节都需要老师提醒。"

"小班幼儿生活自理能力比较差，很多事情需要老师帮忙，有些环节就会比较忙乱，比如户外回来换衣服的环节、午睡起床整理的环节。"

"生活环节需要帮助的幼儿比较多，有时候既要照顾整体，又要照顾个别有需要的幼儿，顾不过来。"

年级长组织教师对这些问题进行了分析。这些问题看似零散地分布在一日生活中的不同环节，其实归根结底是由于小班幼儿生活自理能力较弱，在一日生活中缺乏自主性，教师不得不花费大量的时间和精力提醒和帮助幼儿。如果能够帮助幼儿提高生活自理能力，增强幼儿的自主性，一日生活的组织实施就能够更加顺畅。于是，教师将问题式小教研的核心问题确定为"如何在一日生活中培养幼儿的自主性"，并将核心问题分解为两个子问题，依次探究解决。

子问题1：如何提高幼儿的生活自理能力？

子问题2：如何培养良好的一日生活常规？

2. 解决子问题1：如何提高幼儿的生活自理能力

（1）搜集幼儿自理能力培养的相关信息资源

围绕"幼儿生活自理能力的培养"，教师通过多种途径搜集信息。获取的有效信息包括：图书，如《学前儿童健康学习与发展核心经验》中关于幼儿生活自理能力的发展线索及教育策略相关内容；生活自理能力的培养的幼儿绘本，如《阿立会穿裤子了》《穿得真棒》；生活自理相关的儿歌、童谣，如洗手儿歌："洗手前，先卷袖，再用清水洗洗手，擦上肥皂搓一搓，指间指缝都搓到，哗哗流水冲一冲，我的小手洗净了。"穿衣服儿歌："抓领子，盖房子，小老鼠，钻洞子，左钻钻，右钻钻，吱吱扭扭上房子。"穿袜子儿歌："缩起小脖子（拿住袜筒两侧），钻进小洞子（穿进袜尖）。拉起长鼻子（拉袜筒），穿好小袜子。"

（2）自主学习与小组讨论

教师根据搜集到的资源，分为三个小组，利用搜集到的资源开展了自主学习。自主学习后，教师在小组内展开了分享与交流。有两组教师就绘本和儿歌在一日生活中的使用场景和使用策略等进行了学习，比如在晨谈环节与幼儿一起分享生活自理的相关儿歌或绘本，在午餐的餐前活动时间通过绘本的形式培养幼儿良好的进餐习惯等，还可以结合本班幼儿最近的表现和问题有针对性地开展相关问题式学习活动，激发幼儿学习生活自理能力的积极性和主动性，搜集到的儿歌、绘本等可以作为幼儿解决问题过程中的学习资源。

（3）开展生活自理问题式学习活动

自主学习活动结束后，各班教师针对本班幼儿在一日生活中自理问题较为突出的几个环节开展问题式学习活动，包括穿脱衣服、叠被子、整理书包等。下面以叠被子为例介绍小班生活自理问题式学习活动的开展。

①问题情境

教师发现，午睡起床时，好多幼儿不会自己叠被子，需要教师的帮助，致使起床整理的时间很长。于是，在小组活动时间，教师抛出了问题："你们想不想自己学会叠被子呢？"

②第一次尝试

在教师的鼓励下，幼儿纷纷开始了第一次叠被子的尝试。5分钟后，大家互相观看、评价同伴叠被子的成果：

"涵涵的被子歪歪扭扭的。""没有对齐。""有一块鼓鼓的，不平。""婉儿叠得很好。"……

③提出问题

师：刚刚我们发现只有婉儿一个小朋友获得了成功，那没有成功的小朋友是遇见了什么问题呢?

"叠不好。""我的手太小了，被子太大了。""我不知道要怎么叠。"

④搜集信息，拟订策略

师：我们叠被子时遇到了这些困难，有什么好办法可以解决呢？

"婉儿叠得好，让她教我们。""老师告诉我们叠的方法。""被子太大了叠不了的话，可以两个人一起叠。""我可以回家让爸爸妈妈教会我怎么叠。""还可以让会叠的哥哥姐姐教。"

⑤运用策略解决问题

师：大家想了这么多种办法，我们现在就来试一试。先请婉儿给我们示范一下她是怎么叠被子的，大家仔细看，她成功的秘密是什么。

婉儿示范叠被子，其他幼儿观看。

师：小朋友们发现婉儿叠被子的秘诀了吗？

"她对齐了。"

师："对齐"这个词用的真好。她是怎么对齐的呢？

"对齐角，还有边边。"

师：对齐以后呢？

"再对齐"，"折起来"。

教师把幼儿的表达记录下来，并与幼儿一起回顾了婉儿叠被子的方法：对齐角，对齐边，折起来。

师：刚才还有小朋友说被子太大了可以两个人合作叠，接下来你们可以试一试一个人按照婉儿的方法叠一叠，也可以两个人合作一起叠，看看能不能成功。

⑥第二次尝试

幼儿开始了第二次尝试，教师巡回观察，针对幼儿遇到的问题给予个别指导。在教师的指导下，所有幼儿都掌握了叠被子的方法。

⑦回顾与反思

成功解决问题后，幼儿对自己的学习过程进行了回顾和自评。

"我一开始不知道怎么叠，后来婉儿跟我们分享了该怎么叠，我多试了几次就成功了。"

"我发现要先把被子铺平了再对齐，要不然就挤在一块儿了。"

"我和涵涵一起叠的，我抓住两个角，她抓住两个角，我们对在一起就叠好了。"

3. 解决子问题2：如何培养良好的一日生活常规

良好的一日生活常规是其他一切教育活动的基础，围绕"如何培养良好的一日生活常规"，小班组教师搜集信息，开展自主学习和探究，建构常规培养的策略。

（1）搜集常规培养的相关信息资源

教师通过多种途径搜集与幼儿常规培养相关的信息，搜集到的有效资源包括：介绍幼儿一日生活各环节组织要点的相关图书，如《幼儿园一日生活组织与实施》《幼儿园班级环境创设和一日生活》《幼儿园一日生活实施指引》等；教师培训的相关平台，如幼儿园为教师购买的在线学习平台上关于幼儿园一日生活各环节的教育要点；以及在中国知网下载的幼儿园常规培养的相关文献，如《幼儿园常规教育的困境与出路》等。

（2）自主学习与小组讨论

搜集筛选相关资源后，教师进行了分工，各自选择一种学习资源进行深入学习，做好笔记，梳理常规培养相关的有效信息，随后在小组中分享自己的学习收获，实现信息共享。在此基础上，小组教师展开讨论，分析学习到的策略是否符合幼儿园的课程理念，哪些适宜，可以直接在实践中运用；哪些需要进行一定的调整；哪些是不适宜的，需要摒弃。

经过分享、讨论和筛选，教师初步梳理了常规培养的原则和策略。

让幼儿参与常规的制定，与幼儿一起制定《日常惯例》和《班级公约》。《日常惯例》旨在帮助幼儿梳理一日流程，做到心中有数，从而实现环节的自主转换。《班级公约》改变以往由教师提出规则、幼儿遵守的模式，由幼儿从自身需要出发，讨论提出班级内需要遵守的规则。

避免过多的限制，在向幼儿提出要求之前，必须先想一想这项要求是否合理且必要，是否符合幼儿的年龄特点，是否站在幼儿的角度来考虑问题。

保持相对稳定的一日生活作息，让幼儿有掌控感和安全感，切忌经常打乱作息。

班级常规一旦确定，就要长期坚持执行，形成稳定性。

利用环境指引幼儿的行为。材料的摆放便于幼儿自主取放，贴上明显的标签，使幼儿一眼就发现应该把材料放在哪儿。

（3）专家指导

为了对教师遇到的问题提供更为专业的支持，幼儿园还邀请幼儿教育专家来园对教师进行了幼儿常规培养的指导。专家实地观摩了幼儿园班级的半日活动，就观察到的现象与教师共同探讨，还分享了建立常规的意义以及如何建立常规才能使常规内化为幼儿自觉的行为。

在专家的引导下，教师意识到常规是一个集体的规则，是为了令大家共同生活的环境更美好，使集体中的每一个人感觉更安全、更舒适而制定的规则。因此，常规不应该只是"老师的要求"，而应该是班级所有成员出于建设和谐环境的需要而共同建立并自愿遵守的。建立常规不是教师用奖惩的方式让幼儿服从班级里的规则，让幼儿听话，这不是常规的真正意义。"教育的目标是幼儿获得内在的规则意识，而不是靠教师'看管'"，教师应引导幼儿从日常的矛盾冲突中发现和理解常规的重要性，将常规由外在要求转化为幼儿的内在动机。

（4）实践应用

经过自主学习、小组讨论和专家指导，教师合作建构了一系列建立班级常规的策略，各班教师根据本班的实际情况从中选择部分策略优先实施。

例如，小一班针对一日生活中出现问题比较多的几个环节，与幼儿进行讨论，梳理了需要完成的事情及其顺序，形成了日常惯例，如"入园常规六步曲""换鞋四步曲""我会放书包"等。

（二）案例2：如何让离园环节既有序又有价值

1. 认识问题，分析问题

中班组的教师在讨论中提出了下午离园环节出现的一些问题。

"快离园的时候幼儿比较急躁，这个时候最怕出安全事故。"

"离园整理的时候总有幼儿丢三落四，不是忘带水果盒，就是忘拿水杯。"

"离园环节有一段时间，怎样才能使这段时间的价值最大化呢？"

"离园环节有的在走来走去收拾书包，有的收拾好了在聊天，还有的趁机玩一玩区域材料，或和同伴打闹，感觉比较混乱，怎样组织才能更有序呢？"

这些离园环节的问题在中班组三个班级中都有不同程度的体现，关于这一问题，教师的共同目标是让离园环节既有序又有价值。于是，中班组教师将要解决的核心问题确定为离园环节的组织实施。经过分析，教师认为该核心问题包含两个子问题：一是如何使离园环节有序，主要涉及组织的方法和策略；二是如何使离园环节的价值最大化，涉及教师安排怎样的离园活动，以及如何在活动中蕴含教育价值。

2. 搜集幼儿园离园环节组织的相关信息

确定核心问题后，教师通过多种途径搜集与离园环节组织实施相关的信息。例如，从《幼儿园一日生活组织与实施》《幼儿园一日生活实施指引》等介绍幼儿一日生活各环节组织要点的相关图书中寻找关于离园环节的内容；通过在线培训平台学习一日生活中离园环节的教育要点；阅读幼儿园离园活动的相关文献，如《幼儿园离园活动的组织与优化》等。

3. 自主学习与小组讨论

教师分头对搜集到的不同来源的信息展开自主学习，筛选、归纳可借鉴的方法和策略，随后在小组中报告，实现信息共享，提高学习效率。在信息共享基础上进行讨论，一方面对学习到的策略进行筛选和优化，另一方面头脑风暴，利用集体的智慧尝试建构更多的策略。

4. 建构策略并应用

经过自主学习与小组讨论，教师发现，离园环节的"有序"和"有价值"往往是相辅相成的，需要综合考虑，很难切割。因此，以下梳理的大多是既能实现有序，又蕴含教育价值的策略。

（1）给幼儿一些自由支配的时间

给一部分时间让幼儿自己支配，做自己愿意做的事情，并提醒幼儿有秩序地做事。大班幼儿可以做的事情可以是：

- 收拾自己的物品，如水果盒、水杯、衣物等。
- 做值日生，进行适当的劳动，培养幼儿爱劳动的好习惯。
- 写日记，大班幼儿可以将自己一天活动记录下来。

（2）回顾一天的活动

可以在离园前组织简短的谈话活动，教师可以与幼儿共同回忆当天在园的活动，通过回顾一天的活动，进行自我评价。

（3）菜单式的区域自主选择游戏

菜单式的区域自主选择游戏非常适合在离园活动中开展。例如，区角活动区的开放、桌面游戏自主化的选择，幼儿分为若干小组，自主选择精细动作、美工活动、建构游戏、阅读活动、益智游戏等。这样幼儿的选择点多，参与热情也随之递增。

（4）离园活动形式的个别化

当班上还剩少数幼儿时，是开展个别教育的最佳时机。教师可以与幼儿聊聊天，表扬或鼓励幼儿今天的突出表现，向幼儿提出进一步提高的要求，让那些平时不爱说话的幼儿也感受到教师的关爱。

（5）注重活动内容更具班级特色

离园活动各班可做出自己的特色，结合主题内容渗透、延展、生成，还可以和班级特色活动（如图书漂流）相挂钩，也可以针对一天教学活动的总结，使离园活动更具实效性。

四、评价

此次研训活动聚焦教师在一日生活组织实施中遇到的真实问题，采用了问题式研训模式。教师提出问题，分小组聚焦问题，分析问题，自主学习搜集信息，分享讨论拟订策略，解决问题，实践操作。每个小组解决各自最感兴趣的问题，教师变"被动"为"主动"，从"听"到"想"，极大地激发了学习的积极性，提升了自主学习能力。

每个小组都是一个紧密的学习共同体，大家分工合作，共享信息和智慧，在实践问题解决方案的过程中定期交流实践的效果。年级长在整个过程中引导教师，支架教师分析问题，提供信息资源，为教师提供互动交流的平台，培养教师善于思考、勤于反思的工作态度，并对教师实践解决方案进行督导，切实帮助教师解决了实际工作中的问题与困惑。

"作为一名新教师，我对一日生活的把控能力远不如老教师来得熟练，在过程中也遇到了许许多多的问题。这次研训，我对一日生活各环节的教育价值和教育要点以及教育策略都有了更清晰的认识，对自己组织一日生活有非常大的启发。"（陈老师）

"研训前，我觉得一日生活就是让幼儿在各个环节有自主性就可以，学习与发展目标是集体活动实现的。研训后，我发现每个环节都有很大的教育价值，'一日生活皆课程'。"（李老师）

"研训前，我对一日生活的理解都是来源于刚入职时的'老带新'和自己这些年的经验总结，研训后，自己收获了更多一日生活各环节的教育策略，这些教育策略可以帮助我更好地培养幼儿的自主性。"（张老师）

～ 案例2：有效的师幼互动 ～

一、确定问题

师幼互动是过程性质量的核心，是体现教师对儿童发展影响的主要途径，在学前教育质量中起着决定性的作用[①]。师幼互动体现在一日生活的各个环节，教师无时无刻不在通过语言与非语言的方式与幼儿进行沟通交流。在幼儿园中发现和解决教师在师幼互动中的基本问题，提高师幼互动的质量，对促进幼儿身心健康和谐发展有着重要的现实意义。

场景一：午餐时，小周在座位上拿着勺子和碗敲敲打打，玩得不亦乐乎，就是不愿吃饭。汪老师见状，拿来了贴纸，开始奖励吃饭吃得好的孩子。汪老师说："我给吃饭吃得好的孩子奖贴纸，吃饭不好的没有贴纸，小周你好好吃饭，我就给你贴纸。"小

[①] 李丽、魏玉华、张长英：《幼儿园教师关于教学活动中高质量师幼互动特征的内隐观分析》，载《学前教育研究》，2017（10）。

周听说吃完饭有贴纸，赶紧开始吃饭，吃完后立马跑到老师身边："老师，我吃完了，给我贴纸。"汪老师把贴纸作为奖励给了小周，说："今天表现得真棒，下次好好吃饭还会奖励贴纸。"

场景二：区域活动时小乐在教室里跑来跑去，把区域材料扔在地板上，李老师制止了小乐的行为，严肃地说："今天你不要玩区域材料了，我们待会儿出去户外玩，你也不能参加了，只能在一边看着。"小乐看到李老师严肃的表情，听到李老师说待会儿户外游戏不能参加，停了下来，嘴里不停地说："老师我不要。"李老师听到之后说："你现在说不要没用了，谁让你刚刚不听话。"

这两个场景是师幼互动的缩影。频繁使用奖励和惩罚的方式进行师幼互动，会使教师教育幼儿的方式变得简单化、模式化、标准化，忽视幼儿行为背后的原因，把幼儿看成是没有能力、没有主观能动性的个体，长此以往，非常不利于幼儿的发展。滥用奖励与惩罚的背后，折射出教师对于师幼互动理解的偏差及有效互动策略的匮乏。

由此，组织者以"奖励与惩罚"为切入点开展师幼互动专题研训。教师一起探讨奖励和惩罚内涵、后果以及替代奖励与惩罚的有效师幼互动策略，改善教师的教育理念与行为，提高师幼互动质量。

二、开发研训方案

（一）确定教师学习目标

在交流过程中，组织者发现教师对于奖励与惩罚的认识各有不同。有的教师尚未意识到奖励与惩罚的弊端，认为这是一种有效的师幼互动策略；有的教师已经隐隐地意识到奖励与惩罚对孩子发展的不利影响，但是由于缺乏有效的师幼互动策略，所以奖励与惩罚成为教师不得不使用的方法。教师需要内化奖励与惩罚的内涵、表现形式，清楚奖励与惩罚的后果，并掌握和实践替代奖励与惩罚的策略。由此，组织者确定了本次研训教师的学习目标：了解奖励与惩罚对幼儿学习与发展的影响；学习、实践科学有效的师幼互动策略。

（二）确定组织形式

此次研训活动突出以教师为中心，教师通过自主学习、合作学习、实践反思等方式改变对于奖励与惩罚教育方式的认识，转变教育行为，掌握有效师幼互动策略，提高师幼互动的质量。

自主学习：教师通过自主学习与合作学习了解奖励与惩罚的内涵、表现形式和对幼儿学习与发展的影响，并在学习中了解替代奖励与惩罚的策略。

集体研讨：通过集体研讨，教师共同分析问题、拟订学习议题，互相交流学习成果，分享实践中的有效策略，形成学习共同体。

实践反思：教师将建构的策略运用到实践中，检验策略的有效性，并在实践反思中不断发展和改善策略。

（三）准备教师学习资源

为了帮助教师更好地学习和开展研训，组织者根据教师学习目标与学习内容，为教师搜集了相关学习资源，既有线上学习资源，也有如《0-8岁儿童纪律教育》一类的师幼互动专业书籍和期刊文章。同时组织者为教师提供了相关资源搜索途径，鼓励教师结合自身学习需要自主搜集信息资源。

三、开展研训

（一）认识问题、分析问题

组织者首先向大家呈现了两段师幼互动的视频：第一段视频中，教师在使用贴纸奖励区域活动中表现好的幼儿；第二段视频中，教师在惩罚午睡时一直发出声音的幼儿，严肃地对幼儿说再吵就把幼儿送到别的班去。

看完视频后，组织者请教师围绕三个问题来讨论：

问题一：幼儿园常见的奖励的形式有哪些？

师1：赋予特权，如教师发现纪律有点乱，就对幼儿说："我看谁能做到尊重他人，认真倾听，并且能坚持。能做到的小朋友我一会儿请他先选区域。"

师2：奖励小贴纸。

师3：奖励好吃的，如午睡起床后，老师说："我看谁会自己叠被子，我奖励他好吃的"。"×××今天帮忙摆椅子，为我们班级服务，奖励他好吃的。"

问题二：幼儿园常见的惩罚的形式有哪些？

师1：剥夺权利。如晨谈时间，幼儿A和B在下面小声说话，不能倾听，教师多次提醒仍不奏效。教师生气地说："A和B不懂得尊重他人，总是打扰我们的谈话，待会儿A和B晚5分钟选区域。"

师2：停止游戏。如幼儿C和D在户外活动时打闹、推搡，教师停止其户外自由活动，令其在旁边坐着休息。

师3：去别的班。如午睡时间，幼儿E总是故意发出声音吸引大家注意，教师多次提醒仍不奏效。教师说："如果你再发出声音打扰别人，你就到别的班睡觉。"

问题三：　如何看待奖励和惩罚的教育方式？

部分教师觉得在班里用奖励贴纸的方式和对幼儿的"惩罚"是有效的。也有教师提出了不同的意见，认为奖励和惩罚对幼儿的发展弊大于利。还有教师提出，如果不奖励和惩罚，没有更好的方法和幼儿交流。

在对以上三个问题进行讨论后，组织者了解了教师的已有经验，教师也在对问题的讨论中逐渐明晰了本次研训的问题。大家对于奖励与惩罚的教育方式究竟是弊大于利还是利大于弊有争议，一部分教师认为奖励与惩罚利大于弊，另一部分教师则认为弊大于利，大家各执一词。

为了帮助教师更深入地认识奖励与惩罚对幼儿学习与发展的影响，组织者决定通过辩论赛的形式开展自主学习与分享，在观点的交锋中深入了解奖励与惩罚的内涵、表现形式及利弊。教师分成了正反两方。

正方观点：奖励与惩罚对幼儿发展利大于弊。

反方观点：奖励与惩罚对幼儿发展弊大于利。

（二）第一轮自主学习：如何看待奖励与惩罚

1. 搜集资源，自主学习

为了在辩论赛中充分表达自己的观点和立场，教师积极收集信息。一方面，在线上通过百度学术、中国知网等学术搜索引擎寻找相关的学习资源；另一方面，在幼儿园图书室查找相关的书籍资源，还通过微信公众号搜集了相关的文章。在组织者的帮助下，教师通过各种途径寻找到了不少资源来学习和解答问题。大家共同筛选并确定了相关学习资源。教师开展了自主学习与小组学习，在经过了一段时间的学习后，大家对于奖励与惩罚的认识更深入了。在辩论赛前，大家对于奖励与惩罚的内涵、表现形式及理论基础有了一些共识。

2. 开展辩论，建构共识

经过自主学习后，正反双方做好了充分的准备，辩论赛如期召开。在辩论中，正反双方充分表达了自己的观点，辩论现场气氛十分热烈。

正方的观点是利大于弊。在对惩罚的运用上，正方认为有改变不良行为、使幼儿遵守规则等好处，奖励则可以让幼儿表现出更多的积极行为，是对幼儿行为的肯定。

反方的观点是弊大于利。在惩罚的运用上，反方认为会导致以下不良影响：忽视幼儿行为背后的原因，会让师幼关系变差；关注过去的错误及所付出的代价，让幼儿失去从问题中学习的机会。

在奖励的运用上，反方也提出了自己的担忧：奖励使幼儿的内部动机转变成外部动机，失去内在的自我激励，失去对所做事情的真正的兴趣和本质的认识，缺乏对幼儿的尊重。最后，反方指出，除了奖励与惩罚，还有很多科学有效的师幼互动策略值得我们学习和实践，如自然后果法和相关后果法。

通过辩论赛使双方深入了解了对方的看法。大家认识到，在师幼互动过程中，长期频繁使用奖励与惩罚策略难以帮助幼儿发展内在动机，内化社会规范和规则，而且教师也很难真正走进幼儿的心里，忽视幼儿行为背后的原因与需求。关于奖励与惩罚在师幼互动中的运用，大家达成了共识：奖励与惩罚确实能在很短的时间改变幼儿的行为，增加幼儿的积极行为，减少消极行为。这些方法基于行为主义理念，只关注幼儿的外在行为，不关注问题背后的原因。这种教育方式类似于对待宠物，通过奖励和惩罚操纵幼儿，虽然能改变行为，但会破坏幼儿的自主性和自律性，以及学习和行为的内在动机。如果在师幼互动中频繁使用奖励和惩罚，对幼儿的长期发展而言，其影响弊大于利。

辩论

当教师对于教育实践中某些问题存在不同观点时，组织者可以考虑使用辩论的形式帮助教师澄清双方观点，最后建构共识。在运用辩论这一形式时要注意以下事项。

第一，在对问题有明显分歧时，不建议在一方观点完全错误的情况下使用辩论。

第二，强调辩论的规则——只辩观点，不针对具体的人。

第三，为教师提供相关信息资源，支持教师从对方角度思考辩题。

第四，输赢不是目的，辩论结束后请双方审视所有观点，建构共识。

第五，辩论不必完全按照标准辩论形式进行，但要向教师明确流程、时间和议题。

（三）建构替代奖励与惩罚的方法与策略

教师集思广益，结合自己的教育实践贡献了替代奖励和惩罚的师幼互动策略。

1. 替代奖励的方法

- 用语言具体描述对幼儿给予肯定的方法。
- 幼儿自评。
- 真诚向幼儿表示感谢，例如，幼儿帮忙整理班级区域环境时向他致谢。

2. 替代惩罚的方法

- 让幼儿承担后果。例如，把玩具弄乱了就自己收拾干净。
- 观察分析孩子行为背后的原因，采取策略。
- 将对幼儿的期望和幼儿的经验进行联结，用游戏、具体形象的言语等方式帮助幼儿理解目标，降低不良行为发生的频率。

（四）第二轮自主学习：师幼互动原则与策略

教师通过辩论深刻感受到要想替代奖励与惩罚，需要学习更多科学、有效的师幼互动方法与策略，只有掌握了师幼互动的原则、方法，才能真正摆脱奖励与惩罚的负面影响，通过师幼互动促进幼儿的学习与发展。

教师又紧锣密鼓开始了第二轮的自主学习活动。这一轮学习主要围绕科学有效的师幼互动策略展开，组织者为教师提供了相关的学习平台资源，教师通过搜索师幼互动相关的文献和书籍来进行学习。在组织者的引导下，教师意识到要深入理解师幼互动的前提是对幼儿身心发展特点的了解。3~6岁幼儿的发展既有共性又存在个性，因此，教师增加了心理学相关书籍作为自主学习资源。最后，大家对资源进行了筛选，确定了相关学习资源。通过第二轮自主学习，对师幼互动的内涵、价值和策略有了更深入的理解，并共同提取了师幼互动的原则和策略。教师坚持尊重幼儿、理解幼儿的原则，明确良好的师幼关系是互动的基础。教师关注幼儿行为背后的原因而不仅仅是行为本身。在策略上，教师对问题归属进行了分析，将其分为"幼儿拥有问题""教师拥有问题"和"无问题区"，并对每一种情况下师幼互动策略进行了总结。

（五）建构策略：制订提升师幼互动质量的行动计划

教师对师幼互动原则及策略达成共识后，大家跃跃欲试，希望在实践中验证原则和策略的有效性。组织者为了保障实践效果，同时通过此次研训发展教师的团队合作能力，向大家提出了问题：

我们学习了这么多师幼互动的策略，怎么做才能确保我们能在实践中运用这些策略改善师幼互动质量呢？

教师对这个问题并没有深入思考，大家的想法很简单："按照策略去做就好了。""和孩子互动的时候有意识地用这些方法。""一条一条练习。"……

组织者随后继续提出问题：如何进行评估呢？组织者的问题让教师意识到仅仅是了解策略、实践策略还不够，还需要有意识、有计划地反思和评估。这时，教师关于如何实践有了更多的想法。

"可以通过内讯记录自己的实践过程，进行自我评价和反思。"

"可以和班级老师合作，互相观察对方的师幼互动，互相指导。"

"还可以请班级老师帮忙录下自己师幼互动的情况，后面可以对照视频进行分析。"

"我觉得还需要有人指导，如果年级长和教研员可以给我们一些个性化的指导，我们能更快地提高自己师幼互动的能力。"

最后，大家共同制订了在一日生活中实践师幼互动策略，提升师幼互动质量的行动计划。

1. 成立师幼互动同伴观察与辅导小组

教师以班级为单位成立师幼互动同伴观察与辅导小组，每周选择两个备课时间，一位教师在备课时间回班观察另一位教师在师幼互动中的表现，每次观察15分钟。记录教师在师幼互动中的亮点和不足，并提出建议。观察当天，教师通过面对面或线上交流的形式进行沟通。

2. 每两周一次视频分析，识别并改进一日生活中师幼互动质量

教师以同年级备课组为单位，每半月进行一个实践案例观摩分析。大家会拍摄师幼互动的视频，在备课时间对视频进行分析，并对照自己的师幼互动行为进行反思，识别并改进一日生活中师幼互动的质量。

3. 年级长、教研员为教师提供基于现场的个别指导

年级长、教研员每周进行三次跟班指导，随机进班对教师的师幼互动行为进行个别指导。年级长研究员每周举行一次会议，讨论大家在跟班指导过程中发现的共性问题并制订策略，在下周跟班指导时重点关注这一问题。

4. 通过内讯进行教师自评和互评

教师以班级为单位每周撰写内讯，记录自己在实践师幼互动策略时的困惑与经验，完成后在年级组微信群分享交流。其他教师对内讯中提到的师幼互动进行反馈，指出亮点和建议，教师根据大家的建议调整自己的师幼互动实践。

（六）实践策略，解决问题

通过同伴观察、跟班指导、内讯撰写，教师有意识地开始觉察自己在师幼互动中的表现，他们通过实践策略逐渐改善了师幼互动的现状，慢慢转变了以往滥用奖励与惩罚的现象。以下为教师实践师幼互动策略的具体案例。

1. 书包"流鼻涕"了

中一班幼儿早晨来园放书包总是会把门禁卡露在外面，影响其他幼儿放书包，而且还会有幼儿躲在书包柜玩露出来的门禁卡，宋老师提醒很多次也没有效果。这次宋老师没有像以前一样奖励或惩罚幼儿，而是启发幼儿观察门禁卡掉在书包外面像什么？有幼儿说："书包流鼻涕了。"其他幼儿觉得很好笑，宋老师抓住幼儿说的这句话，引导幼儿："书包'流鼻涕'怎么办？"果果一边把门禁卡插回书包袋里，一边说"给它'擦鼻涕'。"幼儿看到果果这么做之后，也纷纷学习她的做法，给自己的书包"擦鼻涕"，幼儿还会相互提醒"你的书包'流鼻涕'了，快去擦干净。"教师在班会课上向幼儿表示了感谢，"这一周你们都能自觉地把门禁卡插回书包袋，我们的书包柜变得

特别整齐，大家的书包都没有'流鼻涕'，非常感谢小朋友们，让我们中一班变得更美好了。"

2. 改善进餐习惯

幼儿的进餐习惯一直是各个年级的教师头痛的问题。在以前，教师惯用奖励和惩罚的方式，在学习了师幼互动策略后，教师尝试使用其他方法替代奖励与惩罚。

善用鼓励：小二班的小沐每天吃饭都会离开座位趴在地板上，很不卫生。有一天他吃饭时没有离开座位，陈老师走到他那里蹲下来对他说："老师看到你吃饭时坐得很好，屁股坐在椅子上，小脚放在桌子底下，小手拿勺子吃饭。"小沐听到老师的话，特别开心，而且知道了自己什么地方做得好，他的进餐习惯得到了一定的改善。

幼儿自评：大二班刘老师请幼儿每天对自己的进餐习惯进行自评，每天记录自己的进餐情况，幼儿吃饭的积极性有了很大的提高，光盘计划顺利实施。

四、评价

本次研训以奖励与惩罚这一具体的行为为切入点，通过辩论赛的形式激发教师的学习动机，双方观点的碰撞帮助教师深刻理解奖励与惩罚对幼儿发展的影响。对于奖励与惩罚的认识也引发了教师对于学习科学有效的师幼互动策略的渴望，在第二轮的学习过程中，教师共同建构了师幼互动的原则，并依据问题归属原则拟订了不同情境下师幼互动策略。在实践策略过程中，教师通过小组互相观察、视频分析、跟班指导、内讯反思等各种形式真正将师幼互动策略落到实处，在有计划、有组织的实践中提升师幼互动质量，教师的专业能力得到了提升。组织者是教师合作学习的伙伴，在过程中不断激发教师的潜能，突出以教师为中心的研训，更多时候是教师学习的激发者、促进者、合作学习者，形成学习共同体，激发团队的合作学习，激发教师的学习的内在动机，教师的合作能力、自主学习能力、反思能力也得到了提升。

（一）教师自评

"经过这次研训，我对于奖励与惩罚的理解更深入了。这次研训和实践结合很紧密，我的师幼互动能力得到了很大的提升，我感觉带班更轻松了。以前因为不得法，每次带班要么大声嚷嚷，要么喋喋不休，实践了有效的师幼互动策略后，我觉得孩子更喜欢我了，师幼关系也更好了。"（杜老师）

"我是一个新手教师，研训前在师幼互动时常犯错误，因为没有掌握科学的师幼互动策略，我总是习惯性地使用奖励和惩罚，但是这次研训让我意识到无论奖励还是惩罚，本质上都是一种控制。在惩罚和奖励之外，教师完全可以采用第三种方式来争取与幼儿达成合作。首先，成人需要了解一点，无论幼儿的行为看上去多么乖张且不可理喻，他也是为了满足自己的需要，这个需要有可能是关注和陪伴，也可能是选择权和自主权。这些需要都是可以被理解的，只是幼儿采用了不恰当的表达方式，你所要做的，就是洞察幼儿的需求，然后帮他找到更好的表达方式。"（房老师）

"这次研训真正帮助我解决了实践中的问题，而且同时也让我对于教师和幼儿的关系有了更多的思考，师幼互动其实是教师教育观念的体现，有效的师幼互动策略可以在和孩子的沟通中找到共赢合作的方案。真正的合作是没有任何强制意味的。我们需要先学会更好地倾听孩子的心声，不要随便评价、指责或是说教，尤其是要知道他做某事或是不做某事背后的感受和需要，同时，也认真审视你自己内心的需要。"（李老师）

（二）专题测试

测试的题项主要涉及相关的知识要点、实施后的理解、问题情境等。专题测试可以帮助组织者快速了解教师的学习情况，对其测试进行评价。需要注意的是，测试结果只能代表教师的认知情况，认知水平不等同于行为水平，因此，不能单纯依靠测试成绩评价教师，更重要的是看教师在实践中的行为。

第九章 问题式学习活动教学设计研训

∽ 案例1：随机问题式学习活动设计与实施 ∽

一、确定问题

幼儿的真实生活是充满问题的生活。以问题式学习理念为基础的课程相信幼儿在问题解决中可以获得学习与发展。除了那些幼儿普遍感兴趣的专题式问题，幼儿在生活中随机遇到的小问题也蕴藏着独特的学习价值。每个幼儿的发展速度和发展水平不一样，生活环境和经历也不尽相同，因而看到的、想到的、能提出的问题也不一样。因此，我们重视每一位幼儿遇到的问题，鼓励和支持每一位幼儿开展随机问题式学习，教师应为幼儿的随机问题式学习提供适宜的支持。然而，在实际教学中，随机问题式学习的个性化、灵活性给教师带来了巨大的挑战。教师普遍感到支持幼儿随机问题式学习比支持小组专题问题式学习更有难度。如"个别的问题不知道怎么发现和跟踪。""问题太多，不知道跟踪支持哪个？""我不知道什么时候该介入了，怎么介入？""应该怎么支持随机问题式探索？"……

从教师反映的问题可以看出，在支持幼儿随机问题式学习方面，教师遇到的难点主要集中在两个方面：一是不知道如何从日常生活的诸多问题中敏锐地发现和选取具有探究价值的好问题进行跟踪支持；二是不知道如何引导幼儿实现更深入的思考和学习。而随机问题式学习是问题式学习课程中幼儿学习的重要形式，教师不能放任自流，使之成为幼儿完全自发的学习活动。由此，我们专门针对这两方面问题开展了随机问题式学习研训，共同探讨如何做好随机问题式学习，提升教学质量。

二、开发研训方案

（一）教师学习目标

第一，理解随机问题式学习的内涵与价值。

第二，了解幼儿随机问题式学习的基本过程。

第三，掌握幼儿随机问题式学习的支持策略。

（二）教师学习资源

针对教师遇到的问题，组织者购买了一批书籍，如《观察儿童》《放手游戏，发现儿童》等。同时在学前教育专业期刊上搜集、筛选了一批优秀的生成活动案例，如"花样滑索""蚕的秘密——大班科学活动""鸽子"等，并将搜集信息的途径提供给教师，支持教师结合自身学习需要自主搜集信息资源。

（三）研训形式

研训过程中计划用到的形式有以下几种。

自主学习与小组讨论：利用研训者提供的以及自己搜集的学习资源开展自主学习，在小组内进行头脑风暴并讨论解决策略。

补充性专题培训：教师自主学习与小组合作学习后，组织者在此基础上进行补充性培训，将教师的策略进行梳理和提升，补充教师未能认识到的要点或未提到的策略。

实践与反思：建构策略后，教师要在实践中应用策略组织随机问题式学习活动，并在过程中不断反思，认识到"研训→实践→发现问题→自主学习与合作学习→解决问题"是一个螺旋式上升的过程。

三、开展研训

（一）提出问题，拟订学习议题

组织者开展了一次集体讨论，让大家畅所欲言，说说自己关于随机问题式学习的问题和具体困难。教师畅所欲言后，组织者进行了总结和分析。从教师反馈的问题来看，开展随机问题式学习的难点主要集中在两个方面：一是教师难以通过观察分析识别出教育价值高的"好问题"；二是锁定问题后不知道如何给予幼儿适宜的支持。继续深入分析后发现，教师之所以难以识别"好问题"，可能是因为教师的观察能力欠缺，不能从幼儿的一日生活和游戏中敏锐地捕捉教育契机，也可能是因为不知道怎样的问题才是"好问题"，或者两者兼而有之。

在分析的基础上，教师经过讨论，共同协商拟订了需要重点学习的议题。

- 学习观察、记录、解读幼儿行为，发现教育契机。
- 学习理解适宜发展为随机问题式学习的"好问题"的特征。
- 随机问题式学习中，教师的支持与引导策略。

（二）自主学习与小组合作学习

组织者提供与学习议题相关的学习资源，包括教师观察幼儿的书籍、视频以及问题学习模式的相关文献。如《聚焦式观察：儿童观察、评价与课程设计》等，同时鼓励教师自主搜集相关学习资源。

各小组根据学习议题，制订学习计划，明确学习重点与合作学习的方式。有的小组选择将学习议题分给不同的成员负责重点学习，筛选最有价值的内容，梳理学习收获，随后通过小组讨论在组内共享学习成果，以提高学习效率。有的小组认为对于"幼儿学习与发展目标、学习内容"的巩固学习不应是简单的信息分享，而是需要每位成员都进行认真的学习和复习，从广泛的信息资源中摘取要点并完成信息筛选后，再组织所有成员有选择地进行高效学习。

制订学习计划后，各小组教师投入到自主学习中。在自主学习过程中，教师需要根据学习议题筛选有价值的信息，通过学习和理解将重点内容梳理归纳出来，在小组内分享讨论。小组讨论除了分享各自的学习收获以外，同时也会针对那些无法从相关资源中获得相应策略的问题展开头脑风暴，共同建构策略。经小组讨论汇集所有观点后，梳理形成小组的汇报资料，做好集体分享准备。

集中研训时，各小组主要围绕"如何观察记录""如何筛选'好问题'"和"教师的支持引导策略"三大议题展开头脑风暴，分享自主学习的成果并总结了策略。

1. 如何观察记录

如何在忙碌的带班时间内观察记录幼儿的活动和问题是教师普遍遇到的难题，各小组教师畅所欲言并总结了以下策略。

- 带班时穿有口袋的衣服或围裙，随身携带标签纸和笔，方便及时记录。
- 用手机拍照或录像协助记录。
- 在班级设置一块问题记录板，教师随时将观察到的问题记录在便签纸上，贴在问题板上。教师也可鼓励幼儿将自己遇到的问题画下来贴到问题板上。
- 可以在区域分享时鼓励幼儿分享自己遇到的问题，即使老师没观察到，也可以在区域分享时了解。

2. 如何筛选"好问题"

幼儿的学习无时不在，无处不在，班级的幼儿数量远大于教师，教师无法跟踪所有幼儿的问题解决，怎么办？什么是"好问题"？教师如何识别"好问题"？针对这些实际问题，教师进行了深入的学习和讨论，提出了一些可操作的策略。

- 幼儿遇到的问题是不一样的，需要的支持力度也不一样。有的问题只需要给幼儿充分的操作时间他们就可以解决；有的问题只需要教师简单的单次指导就可解决（如工具的使用方法）；有的问题需要更多的支持和引导。教师的精力是有限的，在同一时期，教师可以筛选有探究价值的问题进行持续跟踪支持，同时兼顾支持一些较为简单的问题解决。

- 不同幼儿的学习能力和特点是不一样的，有些幼儿经教师简单提示后即可自主探索，也有的幼儿依赖性较强，需要教师更多的陪伴与引导。教师应因材施教，合理分配自己的时间。
- 在筛选核心问题时，教师可以对照幼儿学习与发展目标和学习内容进行分析，从而筛选出最具有探究价值的问题进行深入支持。

3. 教师的支持引导策略

- 提供相关案例，如有吸引力的作品，扩展幼儿的思路。
- 通过提问帮助幼儿打开思路、引发幼儿深入思考，或帮助幼儿发现矛盾和问题，或引导幼儿发现解决问题的关键点。
- 请家长协助幼儿进行问题探究，如帮忙搜集资料，进行小实验等。
- 引导幼儿回顾已有的相关经验，联系已有经验解决问题；请幼儿分享自己的问题及问题解决过程。
- 为幼儿提供解决问题所需多种资源支持，如材料、书籍、视频、参访资源等。

（三）开展补充性专题培训

教师通过自主学习、小组讨论和分享，建构了部分解决问题的策略。在此基础上，研训组织者开展补充性的专题培训，系统地介绍随机问题式学习的基本过程以及教师的支持性作用。

1. 随机问题式学习的基本过程

随机问题式学习虽然具有高度的个性化和灵活性，但教师不能放任自流，使之成为幼儿完全自发的学习活动。因此，在幼儿的随机问题式学习中，教师依然要遵循观察、解读、设计的教学原则，敏锐捕捉幼儿游戏中的契机，生发问题式学习活动。

幼儿在开展自主游戏和生活中遇到问题（如用纸牌搭建的桥面无法承重）或提出感兴趣的问题时（如蜗牛喜欢吃什么），教师要通过观察、记录幼儿的活动，了解幼儿待解决的问题，然后对问题进行分析解读，判断问题是否具有进一步探究的价值。确定问题具有探究价值后，教师与幼儿就问题展开讨论，引导幼儿认识到自己关于这个问题的已知和未知，从而锁定需要解决的核心问题。确定核心问题后，教师参考问题式学习环境八要素，为幼儿的问题探究活动做好支持性环境准备；接着，幼儿在教师提供的支持性环境中展开积极的探究和学习，解决问题，并记录、总结、分享自己的问题式学习过程和成果，教师在幼儿的探究和总结环节给予适宜的鼓励、支持和引导。在这一过程中，幼儿是发现问题、解决问题的主体，教师通过观察判断介入的必要性和时机。

2. 如何观察记录幼儿的问题

在自主游戏时间，幼儿按照自己的想法设计、开展游戏活动。在游戏中，他们往往不会满足于对已有经验的简单重复，而是会主动为自己创造变化和挑战。在实现有一定挑战的游戏的过程中，幼儿会有所发现，也会遇到各种各样的问题。有些问题幼儿通过反复操作就可以解决，有些问题则需要进行一定的探索和自主学习后才能解决。教师要及时观察、记录幼儿的游戏过程，了解幼儿的兴趣点，发现幼儿遇到的问题。

3. 如何筛选核心问题

当随机问题出现时，有的幼儿能够敏感地意识到问题的存在，并用适当的语言表达出来；也有的幼儿虽然感受到了疑难，却没有意识到自己已经陷入了问题情境，需要在教师的引导下才能认识问题，提出问题。教师可以通过提问引导幼儿发现问题。例如，小班幼儿在向上堆叠积木时，没有注意把每一层积木对齐，叠到一定高度时就会倒塌。幼儿一遍遍地重复着，却没有意识到问题出在哪里。这时，教师可以引导幼儿："为什么高楼总是倒呢？看一看哪里出了问题？"教师甚至可以通过提问创设一个问题情境，使幼儿遇到随机式问题，如教师可以提出"怎样为建构区的楼房装灯"？这一问题虽然是由教师提出的，但如果能够成功吸引幼儿的兴趣，也就成为幼儿自己的问题了。

幼儿发现、提出问题后，教师对问题进行解读，判断这一问题是否具有深入探究学习的价值。教师的精力是有限的，无法跟踪支持每一位幼儿遇到的所有问题，因而，在同一时期，教师可以筛选出少数更具探究价值的随机问题提供积极的支持。教师在筛选问题时可以考虑以下几个方面。

- 问题蕴含了有益经验的学习吗？
- 问题的探究空间大吗？
- 幼儿有与此相关的前期经验吗？
- 问题所涉及的内容对幼儿来说能够学习和理解吗？
- 问题接下来可能的探究方向对幼儿来说有趣吗？
- 问题涉及的学习内容是否有本地资源的支持？

核心问题确定后，教师可借助思维导图等工具来帮助幼儿理解、认识问题，以发散的形式尽可能多地思考与问题相关的各个方面。问题解决过程中实现尽可能多的课程目标，蕴含关键经验。

4. 如何支持幼儿开展深度学习

当幼儿聚焦核心问题，开始探究学习时教师应从多个方面为幼儿提供支持，促进幼儿的深度学习。教师可提供的支持包括以下几个方面。

空间支持：教室内提供机动区域供幼儿开展随机式问题探究时使用，其他区域也允许幼儿自由选择作为探究场所。为幼儿提供保留半成品的地方，支持幼儿较长时间的持续探索。

资源支持：在幼儿探索过程中，教师应尽最大努力给幼儿提供所需要的资源，为幼儿的探究提供便利。例如，为幼儿提供与问题相关的实物、书籍、视频、参访资源等。

时间支持：随机问题式学习是灵活的，是幼儿发起的活动，教师需要给幼儿自由探索、搜集信息、解决问题的时间。在一日生活中保障幼儿有充足的自主活动的时间，包括区域活动和户外活动时间，让幼儿有时间从事自己的问题探究活动。

心理支持：幼儿的兴趣有时是短暂的，在开展随机问题式学习时的坚持性不足，教师可以通过适当的鼓励帮助幼儿保持探究学习的内在动机，直至问题得以解决。

引导性支持：引导性支持指的是能够使幼儿的问题式学习活动走向深入的一系列支持措施，包括在适宜的时候提出引导性问题，帮助幼儿打开思路、引发幼儿深入思考或帮助幼儿发现矛盾和问题。引导性支持需要通过有效的师幼对话发挥作用，教师可以尝试与幼儿进行持续性共享对话。持续性共享对话是一种有用的研究，促进教师反思如何进行有效的工作：我们应当问幼儿哪类问题？我们的问题是否能增加讨论？我们的问题是否能帮助幼儿厘清想法？更重要的是，我们是否能认真听幼儿所说的东西，以便我们能理解他们思考问题的方式，以及他们如何看待周围的世界？

5. 如何引导幼儿进行记录、分享与总结

在幼儿的随机问题式学习结束时，教师鼓励幼儿回顾整个过程，整理相关记录，标记心情符号，将遇到问题、解决问题的过程记录下来，总结学习收获，并与同伴分享。为什么要强调问题解决后的记录、总结和分享呢？这是因为幼儿做记录的过程实际上是在脑海中对所经历的问题解决过程进行回顾和梳理的过程，可以使思维更加清晰。总结是对所获经验的提炼与巩固，有利于经验在记忆中更长久地保存。分享则需要幼儿将脑海中的问题解决过程和收获加以组织后表达出来，是经验的输出过程，不仅有助于锻炼其语言表达能力，还可以将解决问题的经验、态度和策略传递给其他幼儿，使个人的经验成为集体共享的经验。记录、总结、分享也能让幼儿意识到自己完成了一件很有意义的事情，自己是有能力的问题解决者。长此以往，他们对待问题的态度会越来越积极，解决问题的自信心也会越来越足。

幼儿在进行记录时，教师可以通过引导性问题，帮助幼儿把问题解决过程记录得更加完整。可能的引导性问题包括：你是在什么时候发现问题的？发现了什么问题？你用了哪些方法去解决问题？你找到了哪些资源来帮助你？最后问题成功解决了吗？你从中学到了什么？……幼儿进行总结分享时，教师可以适时介入，帮助幼儿提炼、补充所获得的经验，使幼儿的知识经验更加清晰。

（四）实践应用：开展随机问题式学习活动

1. 观察记录，发现问题

研训后，教师在一日生活中有意识地对幼儿的生活和游戏活动进行观察，记录幼儿遇到或感兴趣的问题，从中寻找生成随机问题式学习的契机。

2. 集体备课，确定核心问题

确定核心问题是教师实践中的难点。为了相互支持，在年级组每周的集体备课时，教师分享自己观察到的幼儿行为、拟跟踪支持的随机问题以及初步想到的支持策略。年级长和备课组教师共同对随机问题进行研讨，对照"好问题"的特征判断这些问题是否是幼儿真实的兴趣，是否具有深入探究的价值，从而帮助教师确定值得进一步支持开展随机问题式学习活动的核心问题。

部分教师分享的观察与想法。

F老师：我们班孩子在种植园地种了菠菜，经过细心照料，菠菜长出来了，孩子们散步的时候去观察菠菜，很兴奋，争着说自己的菠菜是最高的。我提出"有什么办法可以知道菠菜有多高呢"？幼儿提出要用尺子去量一量比一比谁的高。我打算做量菠菜的活动。

小组建议：这是个真实性的活动，可以跟随幼儿提出的想法做下去。同时教师也要先去查阅《3—6岁儿童学习与发展指南》，以及科学领域的相关经验，给予幼儿方向性的指引，做符合幼儿年龄特点的活动，对于幼儿提出的想法不妨多观察，幼儿是怎样去解决问题的。教师先不要有顾虑，跟随幼儿先去做，后期有什么问题可以提出来。

Y老师：观察小朋友在区域中、生活中都喜欢玩水，我想做一个玩水的活动，可以做沙石、溶解、沉浮等方面的活动，可以跟随幼儿想法，但我还没有想好怎么开展，希望给我一些建议。

小组建议：从幼儿兴趣点出发生成玩水的活动想法很好，来源于对孩子的观察。启动这块可以交给孩子去讨论，你们想玩什么？在哪里玩？需要什么材料？怎么玩？整个启动自然跟随幼儿，让幼儿在幼儿园寻找他们想玩的材料、场地以及从家里带来材料等。

Z老师：我的活动是起源班级养殖区养的两只小鸟死了，小朋友们很关注，我想就着这个探索下去，生成活动。

小组建议：源于班级真实事件，方向是对的，针对鸟的死，也可以拓宽探索面，鸟不一定是要关在笼子里，自然界的鸟是怎样生存的？我们可以为自然界的鸟做什么，等等，延伸对生命的尊重、自然界的规律。

3. 开展随机问题式学习活动

经过集体备课，教师确定了各自要聚焦的核心问题，开始了对幼儿随机问题式学习活动的跟踪和支持。下面介绍一位教师跟随幼儿开展随机问题式学习活动的过程。

活动来源：户外活动，有一组幼儿在玩纸箱游戏，他们把纸箱摆成一排，上面放一块丝巾。有的小朋友坐在上面，有的小朋友拉丝巾。这时云齐小朋友说拉不动，你们坐的人太多了，"谁来跟我一起拉呀"？于是有几位小朋友说："我可以跟你一起拉。"刚开始拉得动，但过一会就发现又拉不动了。（见图9-1）

活动过程：游戏结束后，幼儿把刚刚在户外玩游戏的过程画下来与大家分享，教师让他们说说照片里在玩什么游戏，遇到了什么问题。云齐说："我们刚刚在圆操场用箱子搭了长长的火车厢，还用纱布盖在车厢上拉着走，刚开始小火车动了一下，但后来小火车拉不动了。"

教师请幼儿一起来思考小火车拉不动怎么办呢？有幼儿说："大家一起推。""把纱巾放在纸箱下面拉。""车厢太多了，可以少一点儿。""少一点儿人坐在上面。"还有一个小朋友说："如果这个小火车有轮子，是不是就可以跑起来？"教师把幼儿的策略记录了下来。（教师根据对孩子的观察进行了第一次评估）

讨论过后，幼儿决定给小火车做车轮。有的幼儿用瓶盖贴在纸箱侧面做轮子，有的直接在纸箱上画轮子。做好轮子后，幼儿坐进去发现轮子贴上去还是要人推着才能动。

这个时候，叶子说："户外有小车，我们可以去看看是怎么跑起来的。"看过之后幼儿又改进了自己做的小火车。教师问："你们现在做的车为什么不用别人推就能自己跑起来？"大家抢着回答："因为我把车厢上、下面镂空了，然后用脚代替车轮跑，所以小车跑起来了。"（跟随幼儿开展活动的过程，教师对幼儿进行了第二次评估）

幼儿把改进过的小火车拿到户外玩，刚开始他们各自玩各自的，玩着玩着把车厢拼到了一起玩，吸引很多幼儿

图9-1　户外纸箱游戏

都想试一试。这个时候，有幼儿提出：小火车有点儿不漂亮，我们可以给它刷上漂亮的颜色，于是他们给小火车刷上漂亮的颜色。（跟随幼儿开展活动的过程，教师对幼儿的观察进行了第三次评估）

四、评价

对教师开展随机问题式学习活动的评价贯穿整个研训过程。评价是发展性的，目的是让教师在实践中不断地思考和反思，使教师更深入理解随机问题式学习，提升开展随机问题式学习活动的能力。

～ 案例2：专题问题式学习活动设计与实施 ～

一、确定问题

幼儿园专题问题式学习是指幼儿在教师的引导下开展的一系列有意义的深度学习。我园坚定"以幼儿为中心"和"解难"的课程理念，为了更好地发挥幼儿园问题式学习园本课程支架幼儿深度学习的价值，更有质量地开展幼小衔接工作，幼儿园在前期充分学习、研究、实践的基础上，计划对大班课程进行进一步的优化，建立十二个问题式学习活动中心，开展专题问题式学习活动。

面对新的大班课程方案及专题问题式学习，教师的问题与困惑主要集中在以下几方面：专题问题式学习突出的特点是什么，不同的专题需要什么样的环境与资源支持，如何确定专题的内容，如何通过专题问题式学习活动支持幼儿深度学习等。

为此，我们组建了大班专题问题式学习研训组，园长及教学副园长、教研员与研究员组成导师团队，形成学习共同体，支持、引领小组教师的学习和行动。期望通过研训带领教师亲历课程建构的过程，研磨出具有实践价值的专题问题式学习活动及相关课程实施方案。

二、开发研训方案

（一）学习目标

第一，发挥全园教师集体智慧，自上而下、自下而上地重新建构大班问题式学习课程，使问题式学习课程得以完善，形成能够落于实践的课程体系。

第二，在大班组建立问题式学习中心的时候，发挥教师的主动性，在建构课程过程中达成对课程的共识，深化对问题式学习课程的理解。

（二）学习资源

第一，相关书籍。

第二，各中心教师搜集的资源包。

第三，问题式学习教学法培训及与各中心核心经验有关的针对性的培训活动。

第四，幼儿园园本课程理念、目标、学习内容、各领域学习线索等资料。

（三）研训方式

第一，组建导师团队及各中心研训小组，形成学习共同体。

第二，搜集相关的信息和案例（包括项目学习等），提供丰富、有效的学习资源，支持教师自主学习。

第三，定期开展集体备课，优化活动方案，针对实施过程中的问题开展小教研。

第四，根据教师共性问题与个性需求提供相关专题培训。

三、开展研训

以下以戏剧中心为例，展示整个研训过程。

（一）认识问题，分析问题，拟订学习议题

负责戏剧中心的杜老师是一位教学经验丰富的教师，但是在面临这一新任务时也有很多问题与困惑：什么是戏剧中心，戏剧中心的核心价值是什么，孩子们在戏剧中心可以做什么，戏剧中心的环境中应该提供哪些设施设备与材料支持幼儿的学习，如何设计戏剧中心的问题情境，如何引导幼儿在戏剧活动中进行深入的探究等。这一系列问题经研训小组讨论，确定核心问题为"如何开展戏剧中心专题问题式学习活动"。

围绕核心问题，研训导师运用基于问题的学习环境要素（K-PBLEs八要素）引导研训小组成员打开思路，对问题进行深入的分析。基本要素包括问题、相关案例、信息资源、认知工具、学习共同体、社会背景支持和活动场景（时间/空间）。

第一，问题是问题式学习活动设计的焦点和核心，其他6个要素的设计都要围绕着问题进行。在戏剧中心，幼儿可能面临着许多与完成任务相关的问题。例如，怎么表

演艾莎公主，怎么记住台词等。除了与认知相关的问题以外，幼儿可能还会面对一些社会性的问题。例如，如何克服胆怯，如何与同伴合作表演，观众是谁等。

第二，教师要思考是否可以提供一些戏剧中心活动的相关案例，为幼儿提供解决问题的路径参考。例如，幼儿园历届毕业典礼上表演的经典童话剧视频资料（最好包含排练场景或过程），少年宫或一些演艺中心的童话剧演出，儿童电视节目及网络等媒体上的各种舞台剧、音乐剧表演等。

第三，幼儿为解决问题所搜集的信息资源也是幼儿的学习内容。因此，教师要思考可以从哪些途径获取戏剧中心相关的信息资源。例如，各类绘本故事，幼儿喜欢的动画片、动漫书以及请教戏剧表演的专业人员等方式。也可以在活动开展过程中有意识地引导幼儿根据自己的兴趣和解决问题的需要自主地搜集和获取相关信息资源或吸引幼儿家长一同参与，获取更多信息资源。

第四，教师还要考虑在戏剧中心的专题问题式学习活动中使用认知工具的问题。例如，在创设学习环境中配置电脑作为幼儿信息搜索的工具，如何用工具记录幼儿的表征，在幼儿讨论角色分配的时候采用怎样的图示更适宜，哪些环节可能会用到流程图等。

第五，教师在设计活动时要考虑如何构建学习共同体。在问题式学习课程中，为了解决某一个问题，需要幼儿、教师、家长、社区和社会专业人员形成一个学习共同体，共同探究，查找和分享信息，相互协作和支持。此外，教师还要思考如何与幼儿的家庭之间保持良好的沟通与合作，以哪种方式交流幼儿的学习情况和获取家庭的支持等。

第六，教师要积极寻求社会背景支持。幼儿园是否可以提供物质资源，现有的场地是否需要改造，是否需要增加投影仪等设施；教师要思考如何吸引家长参与，支持幼儿解决问题；社区和城市公共资源中是否有戏剧活动相关的社会资源，等等。

第七，教师要为幼儿设置进行专题问题式学习过程中的活动场景。如幼儿进行活动的时间、戏剧开演的时间，以及幼儿园的场地是否足够让幼儿进行活动，是否需要在园外寻找场地等。

在共同分析了实施专题问题式学习过程中的重点与难点之后，戏剧中心研训小组拟订了学习议题：理解戏剧中心专题问题式学习的核心价值；优化戏剧中心学习环境；设计戏剧中心专题问题式学习活动。

（二）搜集信息，建立学习中心资源包

在导师团队的带领下，研训小组成员通过书籍、网络、微信公众号、实地探访等多种途径共同搜集了大量的相关案例等资源，并结合我园课程理念与实践需求对各类

资源进行了筛选，归纳出适合戏剧中心的优质资源，形成了戏剧中心学习资源包。

（三）自主学习，形成戏剧中心环境创设方案

　　教师自主学习有了初步的构思后，绘制学习中心的草图，拟订环境调整方案，尝试自主设计专题问题式学习活动，再将研训小组收集的相关资料进行整理归纳并进行自主学习。

（四）根据实际需求开展有针对性的学习培训

　　根据前期研训组对教师开展问题式学习活动情况的了解及教师实践中提出的问题，导师团队制订了与专题问题式学习理论基础和教学法的相关培训计划，以加深教师对理念的理解与运用。如问题式学习创意工作坊培训：帮助教师领悟学习的真谛，认识到自己的问题式学习教学还停留在较初级的层面，自己应努力将教学内容联系生活实际，让孩子们在学习中进行更深层次的思考。

（五）设计并优化戏剧中心活动方案

　　在戏剧中心的环境创设与活动设计过程中，研训组导师团队始终积极跟进。在教师有了初步的活动设计思路之后，导师团队利用集体备课时间组织教师多次开展小组教研，不断优化活动设计。在导师的引领下，研训小组采用活动优化方式，通过澄清式提问和探究式提问帮助杜老师对项目有更深入的思考并提出优化建议。

小剧场第一次环境场地设计方案

　　整体设计构思：功能房的舞台作为主要排练场地，成品及大舞台设置在幼儿园小舞台处。

1. 功能房舞台台阶处可以作为讨论的地方。
2. 撤掉镜子上的大白纸，呈现镜子。
3. 设置化妆间和道具间。
4. 提供各种服装，小朋友自制服装。
5. 撤掉串珠区及柜子，留下一张桌子可以当成化妆桌。
6. 道具间可以准备各种低结构材料，方便孩子想象和创造。
7. 留下藤椅，供观众欣赏。
8. 准备售票处，可以用二维码刷票，也可以到窗口买票。
9. 提供两张圆桌，可供幼儿记录、绘画和制作设计等。
10. 提供电视或电脑，提供平板，便于摄录视频。

11. 各种射灯，柔和灯光等。

小剧场第一次优化活动方案

前期准备（启动）

观看剧本—讨论剧本—创作—确定剧本—动作（肢体、表情）—进退场要求—语言（模仿、声音、音量、语速、轻重）—台词

核心问题：小剧场

表演（活动展开）

化妆：学习技巧、认识品种

服装：设计、收集

道具：影像、灯光、头饰等

人员分工：观众、导演、表演者

音乐：选择、剪切

影评（布展：活动后期）

分享–录像回放–汇报演出–评奖–颁奖

社区、社会资源

电影院；剧院；舞台（幼儿园）；社区表演；动漫展

（六）开展第一轮专题问题式学习活动

参考研训小组共同设计的活动方案，杜老师带领一组幼儿开启了一次探索戏剧魔法的旅程。从启动阶段幼儿对戏剧中心的自由探索，到自主确定表演内容，再到户外寻找需要的自然物及废旧材料，制作道具和背景，至最后布展，幼儿的积极性和主动性非常高。为了完善自己的表演，幼儿会共同探讨怎样把台词说得更好。而在布展过程中，他们会主动提出到操场的小舞台上表演并制作邀请函。

1. 活动中的亮点

在这个戏剧中心专题问题式学习活动中，幼儿们会不断地提出和思考"戏剧中心可以干什么？""我们要演什么？""怎么演？"等问题。这些问题可以通过同伴之间交流、搜索信息等各种方法，集思广益，共同解决。幼儿在与同伴共同讨论、协商、创作、表演中，自己的团队合作能力、语言表达能力得以提升，想象力和创造力得以发展，自信心更是得到了增强。而这些，正是戏剧中心的核心价值。

2. 活动中的困惑

杜老师针对活动内容和实施提出了她的疑问：戏剧中心专题问题式学习应该如何把握活动的核心价值？如何既给孩子提供充分的探索空间，又能让整个活动的过程更

加有条不紊？总体感觉孩子们的表演经验比较欠缺，还有哪些途径可以进一步丰富幼儿的表演经验？

其他各中心负责的教师也纷纷提出类似的问题与困惑。例如，如何把握核心问题，哪些问题更具有探究价值，能通过哪些途径支持幼儿深度学习。围绕这些问题，研训小组导师团队引导小组成员结合幼儿年龄特点与课程目标从四个方面思考：问题从哪来或者是怎样提出的？怎样分析问题？如何将问题进行归类？解决问题有哪些路径？

（七）针对第一轮实践中的问题开展小组教研

活动开展过程中，研训小组导师团队采用随堂听课等方式积极跟进指导。导师团队利用每周集体备课时间组织教师分享交流，针对教师在启动、确定核心问题、展开活动及布展等关键环节的问题与困惑及时开展小教研，指导教师通过观察幼儿的活动状态及时调整教学策略。

经过研训小组的分析与讨论，杜老师进一步明确了戏剧中心的核心问题，同时吸收了大家的意见与建议，将活动进一步优化，为下一轮行动研究做好了准备。

- 多给幼儿表演的机会，制作道具等活动可以穿插其中，也可以利用下午的自主游戏时间制作，适当的时候还可以调动家长参与活动。
- 剧目不一定很复杂，可以是一个片段，也可以通过一些小的表演游戏帮助幼儿理解什么是表演，如何通过不同的语言及肢体动作表现不同的情景与情绪情感。比如，用不同的肢体动作表现生气、着急，小组合作表现一个生日会或者运动会的场景等。
- 根据幼儿问题解决的需求，在启动阶段及活动过程中可以灵活安排参访活动，充分挖掘社会资源，如了解少年宫、中心书城小剧场、各大剧院儿童剧演出时间与剧目，在家长中征集有表演专长的助教，开展亲子研学等，多途径丰富幼儿感知经验。

（八）开展第二轮专题问题式学习活动，支持幼儿深度学习

为加深教师自身对戏剧的认知，提升教师专业素养，幼儿园积极创造条件，有针对性地为教师提供外出学习培训机会。在培训中，杜老师深刻领悟到，戏剧教育的形式一定要符合儿童发展的特点，教学形式要丰富，要有强烈的游戏性，直观的表达方法，满足儿童自我表达的欲望。儿童剧重要的是体验、感受，而不单单是演绎。

在第二轮专题问题式学习活动中，杜老师吸纳了研训小组的优化建议，在以幼儿为中心，追随游戏的同时，鼓励幼儿通过艺术手法来表达真实的想法，深度探索戏

剧表演的魔力。杜老师结合在戏剧魔法工作坊中的学习经验，更加着重戏剧游戏的加入，运用"神行百变"作为暖场游戏，激发幼儿的表演欲望，将"纸箱剧场"穿插在活动过程中，还增设了木偶台和故事魔法师环节，鼓励幼儿进行单独角色、两人合作及团体合作的练习等，幼儿很快被吸引并快速掌握了台词及讲故事的技能技巧。而且幼儿结合自身生活经验、尝试表演的经验及对剧本的理解，自己创编及丰富剧本中的台词，使整个戏剧表演更加地丰满流畅。在情节练习时，幼儿非常认真地揣摩角色的动作、表情和声音，互相配合时，不再觉得害羞，而是充满了责任感，不想因为自己表现而影响到整个演出的效果。从刚开始不懂合作、不懂规则到最后互相提醒、互相帮助，将整个戏剧表演圆满呈现在小班弟弟妹妹、来访的客人和教师面前。

在第二轮专题问题式学习分享活动中，教师对照幼儿园课程目标与内容检查活动的实施效果，相互点评并给予合理化建议。整个戏剧表演的创作过程线索清晰，幼儿积极主动，在不断发现问题解决问题的过程中获得成就感。活动过程也充分体现了杜老师的教育智慧，不仅充分尊重幼儿，追随幼儿的兴趣与真实的问题，把机会让给幼儿，鼓励幼儿自主讨论和自主解决问题，而且特别关注幼儿个体差异，发现每一个幼儿的亮点，让每一个幼儿都有机会自信地表达表现。

四、总结与评价

课程评价伴随着问题式学习研训的过程，包括对参训教师相关专业能力、教师核心素养及研训过程的评价。

（一）专业能力评价

专题问题式学习研训活动有效地提升了教师的问题式学习环境创设能力、活动设计能力和教学组织实施能力等。在活动设计方案、活动实录及观察记录中，可以清晰地看到教师进步的痕迹。在分享与点评活动中，教师从最初的迟疑不决到热情洋溢地分享，积极地贡献策略，也充分体现了专业成长的自信与骄傲。

（二）核心素养评价

专题问题式学习研训过程中的问题来源于教师的教学实践，是教师迫切需要解决的问题。因此，教师积极自主地参与解决问题的过程：在搜集各中心的学习资源及相关案例中提升了信息素养和自主学习的能力；在每一次集体备课及小教研的过程中勇于提出自己的问题与困惑，乐于与同伴分享经验，体现出团队合作意识；在参加专题培训之后细心揣摩，积极在实践中尝试运用，不断强化自身解决问题的能力。

（三）研训过程评价

杜老师：在研训过程中，我逐步学会面对问题先思考，有了想法和主意后敢于与导师或同事交流分享，敢于摆出自己不懂或者疑问的地方，接纳大家建设性的意见。

房老师：回顾整个过程，刚开始进入专题问题式学习时感到困惑，无从下手，到后期不断完善优化，使活动开展得更加顺利，此次研训使我在专业能力上有了一定的提升，在不断实践反思的过程中提升了自我的课程设计能力及教育教学能力。

温老师：在研训团队的指导和帮助下，我不断发现自己教学中的不足，逐渐成为一名思考型的教师。一开始感觉自己什么都不会，通过大班组的集体备课，在研讨活动中获得一个个新点子新方法，我慢慢找回了自信，进一步明确了专题问题式学习活动的核心价值。

～ 案例3：问题式学习活动的优化 ～

一、确定问题

设计生成性教学活动使教师的个人能力受到了挑战：教师在独自设计活动时，常常会受到知识视野、资源存量、思维方式等的局限，导致活动设计的质量不高。缺乏交流的闭门造车往往使教师难以打开思路，陷于苦闷之中。因此，亟须一种有效的教师合作备课方式。

在这个背景下，活动优化成为组织实施与提高效率的重要一步。在问题式学习课程中，活动优化主要用于帮助教师更好地对观察到的幼儿的兴趣和问题做出反应，思考适宜的支持策略，生成具有一定广度和深度的问题式学习活动。

活动优化在最初应用时曾受到了教师的好评，但过了不久就成了走形式，一些教师参与的热情也降下来了。于是，教研员组织了一次专门针对活动优化的随机访谈，教师讲出了自己的感受。

"我是很需要大家在关键问题上帮我出点子，但是在讨论的时候没个主线和重点，大家想到什么说什么，虽然提了很多建议，但都是很零散、凌乱的，缺乏逻辑，我听了以后脑子还是很乱，厘不清活动开展的思路。"

"活动优化时主要是那些骨干老师发言，他们经验丰富，每次都能讲很多，我们年轻老师没什么机会发言，即使说出想法也不受重视，参与感很低，慢慢地我们也就不想说了。"

"我觉得太耗时间了，本来备课时间就很紧张，有时候不知不觉话题就跑偏了，浪费了很多时间，效率不高。"

　　……

从教师的反馈来看，当前的活动优化参与度不一、发言随意散漫、耗费了教师过多的备课时间、不能解决教师亟须解决的关键问题，呈现出一种无序、低效的状态。主要原因是部分教师在讨论中发言时间过长，导致其他教师失去发言机会，且讨论过程中的焦点问题不清晰，导致发言内容杂乱无章。

由此，我们需要改革当前低效的活动优化方式，通过小组讨论、细化流程、控制时间等措施来确保活动优化的有效性，使活动优化能够真正成为教师设计教学活动的有力帮手。

二、开发研训方案

确定问题后，组织者对研训进行了整体思考和设计，拟订了研训方案。

（一）教师学习目标

第一，理解活动优化的重要性和必要性。
第二，了解活动优化的基本流程和需要遵循的原则。
第三，在教学实践中能够自觉运用活动优化的方法优化案例。
第四，提升自主学习、交流沟通和合作学习能力。

（二）教师学习资源

组织者为教师提供了《蓝脊项目优化学员手册》作为活动优化主要的参考资料，购买了与生成课程相关的图书，并且在中国知网等学术平台搜集、筛选、下载了相关的文献。同时将信息搜集的途径提供给教师，支持教师结合自身学习需要自主搜集信息资源。

（三）研训程序和内容

第一次集中学习：案例剖析；头脑风暴；提出引导性问题。
自主学习与小组合作学习：自主学习；小组分享交流。

第二次集中学习：分享交流；完整讲解；示范演示；操作练习；归纳与小结。

三、开展研训

（一）认识问题，分析问题

认识问题是解决问题的前提，为了使全体教师对当前活动中存在的问题有一个清晰的认识，特组织教师开展了一次集中学习。

组织者播放了一段教师日常备课时间进行活动优化的录像，请全体教师观看。组织者提出引导性问题，请教师在观看录像时有目的地观察、记录和思考。

- 此次活动优化的主要目的是什么？
- 活动设计者发挥了怎样的作用？你认为应该发挥怎样的作用？
- 讨论是否聚焦、高效？
- 教师的参与度如何？
- 讨论的氛围怎么样？

活动案例录像其中的一个片段

六一儿童节快到了，大三班的梁老师想要组织幼儿开展一次义卖活动，于是利用活动优化听取大家的建议。

梁老师："马上就到六一了，我想组织我们班小朋友开展儿童节义卖，可是具体怎么做我还没想好，请大家帮忙提一些建议。"

林老师："我觉得还可以让小朋友和爸爸妈妈一起创作一些作品，比如画一幅画，或者做个手工、泥工作品，带过来卖，这样可以增加小朋友的成就感。"

张老师："不行的，除非全部都卖自制的，否则自制的东西肯定没人买，大家都愿意买精美的。"

黄老师："我们班图书漂流的时候有的家长让孩子带来的是一两岁小孩看的书。"

房老师："我们班有的家长很'奇葩'……"

（关于各班家长的讨论持续了7分钟）

经过讨论，各小组代表分享了发现的问题。组织者将大家提到的问题进行了分类汇总（见图9-2）。

组织者对教师的积极思考表示了肯定，鼓励教师根据自己的学习需要拟订学习议题，从《问题式学习活动优化学员手册》中寻找所需的学习资源；教师也可通过多种途径自主搜集相关资源，制订学习计划，开展自主学习。如果在自主学习中遇到困难，可向其他教师或组织者请求帮助。

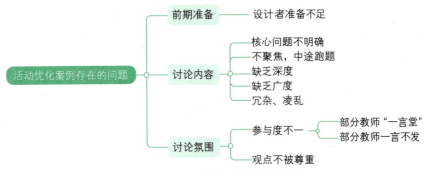

图9-2 活动优化案例存在的问题

（二）自主学习与小组合作学习

在第一次集中学习与讨论的基础上，各小组拟订了想要继续学习的议题，制订了自主学习计划，通过多种途径搜集有关信息，进行自主学习。

明确学习计划和分工后，教师分别展开了自主学习。教师对文献进行了仔细深入的阅读，从中筛选出有价值的信息，并通过思维导图将重点内容呈现出来。

自主学习结束后，教师带着各自的学习成果参加小组讨论，分享交流学习成果，经过讨论和综合梳理，形成小组的学习成果，派一名代表制作PPT，做好集中学习时分享发言的准备。

（三）第二次集中学习

在教师自主学习与小组学习的基础上，组织教师开展第二次集中学习，分享交流教师的学习成果，同时向教师讲解示范改进后的活动优化实施过程，使教师通过阅读、观看、体验、思考理解并掌握活动优化的实施要点。

1. 分享交流学习成果

经过搜集信息、自主学习与合作学习，教师对如何提升活动优化质量提出了一些新的见解，主要有以下几点。

第一，设计者要提前做好充分的准备，要能够提出供大家讨论的核心问题。

第二，对研讨的主要内容有一定的计划性，合理安排时间。

第三，严格规范，强化流程，提高实效。

第四，讨论聚焦，并适当凝练观点，避免成为"聊天会"。

第五，发挥不同成员的作用，鼓励大家主动表达想法，避免"一言堂"。

2. 完善讲解活动优化流程

活动优化的准则：发言机会均等；严以对事，宽以待人；态度友善；具体、有帮助。

优化小组成员，明确分工。一个活动优化小组由一名活动设计者、一名主持人和3-10名参与者组成。活动设计者需要提前对讨论的内容进行充分的思考，准备好活动概述，打印相关材料，提出需要小组讨论的问题和亟待解决的问题。

活动优化基本流程和各环节要点。活动优化的基本流程主要包括：提醒准则、概述、澄清式问题、探究性问题、优化讨论、设计者回应与互动、总结反思。

提醒准则（1分钟）。在每次活动优化开始前，主持人带领大家回顾活动优化需遵循的行为准则。

概述（3~5分钟）。设计者介绍自己的活动设计，包括活动缘起和意义及核心问题、打算如何启动、如何创设学习环境、如何开展活动、如何总结和布展。

澄清式问题（3~5分钟）。参与者对于活动设计者的概述如有不太清楚的地方，可以提出澄清式问题以便获得更多的信息。澄清式问题应该是简短的、事实性的，设计者不要过多思考便可以回答。例如，"这个活动是全班开展还是小组开展？""幼儿每天要为此花费多长时间？""玩水活动将在室内还是室外进行？"

探究式问题（3~5分钟）。参与者可以提一些探究性问题以帮助设计者更深入、更广泛地思考他们的活动设计。例如："活动过程中如果幼儿的兴趣点出现分歧怎么办？"设计者将大家提的探究式问题记下，随后再深入思考，不必立即做出回应。对于自己难以解决的问题，也可以在稍后的优化讨论时提出，请大家贡献策略。

优化讨论（15分钟）。

- 聚焦问题：活动设计者在讨论开始前向大家提出几个焦点问题。
- 发现亮点：说一说活动中的亮点。
- 优化讨论：参与优化的教师围绕焦点问题进行讨论，提出具体、可操作的建议。

设计者回应与互动（5~10分钟）。优化讨论告一段落后，一直保持沉默的设计者可以做出回应，指出大家所提的建议中哪些很有帮助。对于不太理解或需要进一步请教的建议与大家互动，请大家进行解释。

总结反思（2~3分钟）。优化讨论结束后，大家回顾和反思整个优化的过程。

（四）示范演示

组织者以一个小班问题式学习活动"玩水"为例，应用建构的活动优化实施方案组织活动优化，向全体教师示范活动优化的过程，教师一边观看现场的活动优化，一边对照《问题式学习活动优化学员手册》，对活动优化的准则、过程和要点有更深入的理解。

示范优化小组由组织者担任主持人，常老师是活动设计者，另有8位教师是活动优化参与者。其余教师作为观众观看整个活动优化的过程，记录活动优化的基本流程和实施要点，思考优化过程的设计意图、亮点，以及需要改进的地方。

1. 提醒准则

在优化开始前，主持人首先带领大家阅读《问题式学习活动优化学员手册》中活动优化的四项准则，提醒大家在优化时注意遵守。

2. 概述

介绍了行为准则后，正式开始活动优化。常老师首先向所有参与者发放活动设计方案，介绍了"玩水"活动的设计背景和初步的想法。

- 教师的观察与思考

  常老师在日常生活中发现幼儿非常喜欢玩水，他们在洗手间洗手时常常会顺便玩一玩水，区域活动时抢着选玩水区，下雨天也会喜欢站在走廊上用手接雨。水与幼儿的生活息息相关，幼儿在生活中有许多与水相关的经验，同时，水是一种开放性物质，具有很强的探究性，可以利用幼儿对水的兴趣，引导幼儿通过玩水获得有益的科学经验。

- 核心问题：水有哪些特征？有哪些玩法？沉与浮？生活中水有哪些用途？

- 环境创设：在玩水区中投放相关的探索材料，如水瓶、水管、漏斗等，充分利用户外环境玩水。

- 活动的开展

  在活动的开展过程中，教师首先会带幼儿去玩水，观察幼儿的表现，了解幼儿关于水的已有经验。其次，可以通过丰富的体验活动帮助教师获得更多关于水的有益经验。①游戏：制作泡泡水、玩吹泡泡、打水仗、运水；②自然科学：给植物浇水、江河湖海的形成；③物理科学：沉浮实验、造船；④阅读与水相关的绘本阅读等。

概述的主要目的是使参与优化的教师在较短的时间内了解活动背景和当前的活动设计。因而活动设计者要能够提纲挈领，省略具体细节。概述时间一般以不超过3分钟为宜，设计者要尽可能精练语言。

3. 澄清式问题

设计者简要介绍了活动设计以后，教师向设计者提出了澄清式问题，以获得更多的信息，更好地了解这个活动。

杨老师：这个活动是面对全班幼儿开展的吗？

常老师：面向感兴趣的幼儿开展，幼儿可以选择参加或不参加。

何老师：活动计划开展多长时间？

常老师：根据幼儿的深入程度决定，目前的计划是2—3周。

谭老师：探究水的特性具体包括哪些内容呢？

常老师：水的颜色、形状、味道、温度。

澄清式问题是通过向对方的介绍进行简单的提问，让对方证实或补充原来的发言内容。如"你的意思是……吗？"澄清式提问的时间一般不超过3分钟。

4. 探究式问题

设计者针对活动中的要点和困惑提出探究式问题，启发设计者对活动有更深入的思考。

对于"玩水"活动，大家思忖片刻，陆续向常老师提出了需要进一步思考的启发性问题。

陈老师：活动中如果幼儿的兴趣点一直在变该怎么办？

何老师：如何引导家长参与、支持活动的开展？

谭老师：制作泡泡水和玩吹泡泡涉及卫生安全问题，如何解决？

朱老师：哪些游戏更适合小班幼儿？

探究式问题环节是针对传统集体备课浮于表层、缺乏深度的弊端而设置的，好的探究式问题应能够启发设计者对项目有更深入的思考。探究式问题环节以3分钟左右为宜。

5. 优化讨论

（1）聚焦问题

优化讨论前，设计者提出希望大家讨论的焦点问题，之后退出讨论，保持沉默，专心倾听和记录。参与优化的教师把焦点问题记录下来，接下来逐一讨论解决。如常老师向大家提出了此次讨论的焦点问题：

- 我根据幼儿玩水的兴趣初步想到的核心问题是否适宜？
- 核心问题下幼儿可探究的活动还有哪些？

活动设计者在优化会上提出的焦点问题应该是对活动的开展很重要，并且是开放的、可讨论、非固定答案的问题。例如：在种植相关的问题式活动中，教师提出"等待植物发芽期间，幼儿可以做些什么"？

单次优化活动提出的焦点问题不宜过多，一般以不超过3个为宜。活动设计者在提出焦点问题后就离开讨论圈，倾听讨论并做记录。对讨论内容的疑问可以在接下来的互动中回应。

（2）发现亮点

主持人提醒大家首先要发现亮点，说一说：你觉得这个活动哪些方面很棒，为什么？

陈老师："常老师先在区域中观察幼儿玩水的情况，了解幼儿的已有经验和兴趣，对于接下来开展活动是很有帮助的。"

吴老师："在常老师的活动设计中充分考虑到小班幼儿的特点，以直接操作、体验的活动为主。"

在不断地指出亮点的过程中，这些活动设计的亮点也得到了强化，教师对于"什么是好的活动设计"的认识越来越明确。同时，发现亮点肯定了教师独立思考和设计的意义，可以鼓励教师在活动优化前更认真地做准备。

（3）优化讨论

接着，参与优化的教师围绕焦点问题进行讨论，提出优化改进的建议。

焦点问题一

幼儿可探究的核心问题，其中包括探究水的特性和"沉与浮"。此外，参与者们还建议将"生活中水的用途"作为一个核心问题，引导幼儿认识到节约用水的重要性。

焦点问题二

核心问题下幼儿可探究的活动有哪些？

· 关于"沉与浮"

除了观察物体的沉与浮外，引导幼儿观察并比较，浮起来的东西有哪些特征，沉下去的东西有哪些特征？

还可以引导幼儿思考，怎样使原本沉的东西浮起来，怎样使原本浮的东西沉下去？

· 关于"生活中水的用途"

请幼儿结合生活经验说一说生活中哪些地方有水，水有什么用。

引导幼儿思考水在生活以外的用途，如有以水为家的小动物等。

优化讨论环节一般以12分钟左右为宜。为了避免讨论跑偏，主持人可以提醒大家反思"我们回答了设计者提出的焦点问题了吗"。

6. 设计者回应与互动

优化讨论告一段落后，一直保持沉默的设计者常老师对大家的优化建议作出回应。

谢谢大家为我提供了这么多好的建议。刚刚大家提到加一个核心问题：生活中水的用途。我觉得特别好，可以和幼儿的生活相联系，又能将社会领域的节约、环保的内容渗透进来。

通过回应与互动环节，活动设计者可以针对尚不清楚的地方提出疑问，在参与者的帮助下厘清思路。回应与互动的时间一般是5-10分钟。

7. 总结反思

优化讨论结束后，活动设计者、优化参与者和主持人分别回顾和反思整个优化的过程。

活动设计者要反思：我对活动的介绍简明清晰吗？焦点问题引发了大家的有效讨

论了吗？我的问题得到解决了吗？

参与者要反思：我们提出的建议是具体的、有帮助的吗？我们讨论时有偏离主题吗？

主持人需要反思：我是否确保了讨论紧紧围绕焦点问题展开？是否在预计的时间内完成了活动优化的任务？讨论的氛围是否宽松和谐？

总结反思环节可以使教师对照活动优化的目的和要求反思自己的表现，可以强化教师对活动优化目的和要求的认识，从而不断提高活动优化的质量，同时有助于提升教师的反思能力。

（五）归纳与小结

操作练习结束后，全体教师分享对活动优化过程的感悟，深化教师对活动优化的认识和理解。组织者抛出几个引导性问题请教师思考。

- 这一活动优化过程有哪些亮点和优势？
- 活动优化前后，你觉得自己有哪些改变和收获？

教师纷纷分享了自己的看法，根据教师的亲身体验和分享，组织者归纳了活动优化与传统集体备课相比的优势（见表9-1）。

表9-1　传统集体备课与活动优化对比

	传统集体备课	活动优化
开展流程	没有明确的流程和规范，过程较为松散、随意。	有严谨的实施流程，环环相扣，井然有序。
目的性	目的主要是合作改善活动质量，较为笼统，且在过程中常常会偏离主题。	聚焦问题，紧紧围绕焦点问题展开讨论。
研讨深度	常常在一个层次上讨论问题，难以深入。	有特定的环节引导教师对活动进行深入的探讨。
教师参与度	以少数骨干教师发言为主，年轻教师较少发表意见。	每位教师都积极发言，每个建议都得到尊重。
时长	通常为一个半小时。	40分钟左右可完成。
效果	听了很多建议，但思路仍然混沌，或有的问题依然没有解决。	教师最亟待解决的问题通常得以解决，活动思路更加清晰。

（六）在实践中广泛灵活应用活动优化

教师不仅将活动优化广泛应用在问题式学习活动中，还应用在完善班级常规活动方案（如图书漂流）、优化以年级组为单位的观察记录等多个方面。

与此同时，教师也在尝试的过程中发现问题、解决问题。

问题一：资历丰富的教师常常滔滔不绝，年轻人的发言机会少。

解决方案：第一轮每个人轮流发言，之后在自由讨论中每个人单次发言时间不能超过2分钟。

问题二：优化讨论中教师的发言冗长，导致讨论时间超过预期。

解决方案：请教师听自己在活动优化中几小段发言录音，再尝试用简洁的语言重新复述。这种体验式培训能加深教师对"言简意赅"的理解。

四、评价

此次研训建构了适宜问题式学习课程的活动优化方案，教师将其运用于日常教学实践中，有效提升了问题式学习活动的质量。教师在反思中也提到了活动优化为他们的教学实践带来的益处。

"活动优化促使我和其他老师互相学习，合作学习。让我跳出原来的设计模式，开拓设计思维，促进了自己专业成长。通过优化活动，我的问题式学习活动内容更丰富、形式更多样、质量更高了。"

"和以前的集体备课不同，活动优化有严格的流程，还有时间限制，让我有一种紧迫感。这种紧迫感使我集中注意力思考问题，并且努力想着如何用精练的语言表达想法。"

"活动优化的每个环节一环扣一环，整个流程下来，设计者既可以对自己的活动有了更为清晰的思路、更深入的思考，又可以参考其他教师提出的针对性建议，从而使活动设计更加完善。"

第十章 问题式学习活动教学评价研训

～ 案例1：幼儿观察与评估 ～

一、确定问题

"观察—评估—回应"是问题式学习课程中教师最基本、最核心的教学原则，教师首先观察幼儿的行为表现，对幼儿的行为进行分析和解读，做出一定的判断，然后根据自己的判断设计适宜的教学活动。在问题式学习课程中，教师的"观察—评估—回应"形成了一个良性循环，贯穿于幼儿一日生活的各个环节，推动幼儿的学习与发展实现螺旋式上升。

教研员在翻阅教师观察记录的过程中，发现了很多教师的观察记录存在问题。概述无细节：果果早上在语言区看了一本故事书，下午户外活动玩了滑滑梯，在幼儿园过得很开心。主观描述：小梦今天太过分了，故意把颜料涂在别的小朋友脸上，涂完笑嘻嘻的，真是不懂事！只有观察没有分析：一位教师的观察记录描述完孩子的行为后就戛然而止。观察内容与分析内容混在一起。

如何观察、如何评估观察内容、如何结合观察的内容回应幼儿的游戏，这些都是教师高质量开展问题式学习活动必须要解决的核心问题。然而在实践中，经常会出现教师不清楚如何确定观察目标、如何有重点地进行观察、如何客观描述观察情境等缺乏观察和评估能力的表现。由此组织者设计了本次研训，旨在引导教师通过自主学习、操作练习、小组研讨和实践反思提升教师观察、评估和回应幼儿的能力。

二、开发研训方案

（一）确定学习目标

第一，掌握观察幼儿的原则、步骤、策略。

第二，能够基于观察内容对幼儿的学习与发展进行评估。

第三，根据观察结果，通过师幼互动、环境创设支持幼儿。

（二）拟订组织形式

自主学习：教师通过自主学习了解观察的内涵、步骤、要点等内容，并学习了解如何结合问题式学习课程学习与发展目标、学习内容进行分析、评估。

小组研讨：教师通过小组研讨扩展对观察的认识，通过小组内分享观察记录并对观察记录提出亮点和建议，形成小组学习共同体，共同提升观察能力。

操作练习：教师在自主学习后，通过操作练习的方式进行观察实践，真正将研训成果落到实处，提升教师观察能力。

实践反思：教师在实践中运用研训学习的内容，并通过自我反思和小组反思的方式不断提升观察能力。

（三）准备学习资源

组织者采用线上资源与线下资源相结合的方式，不仅查阅了幼儿园图书室、深圳图书馆的实体书资源，如《观察儿童——儿童行为观察记录指南（第二版）》，还在百度学术、中国知网、国家哲学社会科学文献中心等平台搜索了相关文献，教师可以在组织者准备的资源基础上，结合自身学习需要进行搜索，获取更多的学习资源。

三、第一轮研训

（一）认识问题，分析问题

组织者播放一段幼儿自由游戏的视频，请教师观察视频中幼儿的游戏情况，思考问题。

视频中3名中班的幼儿在沙区玩沙。一开始几个孩子独自游戏，后来一个小朋友把水引入沙池，开始挖水渠，另外两个小朋友见状也加入其中。三个人用小铲子挖水渠，水渠的水慢慢变干了，一个小朋友负责挖，另外两个小朋友用铲子运水到挖出的水渠里。但是用铲子运的水太少了，水很快就干了。其中一个小朋友提议，"我们用小桶装水吧"，他的提议得到了大家的支持，但是小桶只有一个，大家都想用小桶装水，谁也不肯让谁。僵持不下，一个小朋友退出了游戏，独自去玩别的游戏了，另外两个小朋友决定一起装水，后来他们的兴趣逐渐转向装水和玩水，水渠游戏被中断。

问题1：你看到了什么？

教师之前已经参加过观察能力研训，对于记录观察内容有了一定的基础，基本能够对视频中的内容进行客观、细致的描述。但是有些教师的关注点在幼儿身上，有些教师的关注点在环境和材料上。

问题2：幼儿的学习与发展情况如何？

教师都聚焦在幼儿的社会性发展上，组织者提醒教师关注幼儿玩的沙水游戏，分析幼儿沙水游戏中表现出的学习。然而在对幼儿的游戏进行评估时，教师更多的是困惑。

"应该评估哪方面的学习与发展呢？"

"我不太了解孩子玩沙学习线索，所以不知道这是不是中班孩子的水平？"

问题3：教师应该给予幼儿怎样的支持？

教师表示因为没办法评估幼儿的游戏和学习情况，所以不知道应该怎么支持幼儿的游戏发展。组织者顺势提出问题：在平时幼儿的游戏中，大家有没有进行观察评估，遇到过什么困难？

大家在游戏中观察评估时遇到了很多困难，如如何确定观察重点、评估从哪些方面着手、介入的时机、科学评估的工具和策略等。大家聚焦核心问题：如何观察、评估和回应幼儿？

随后，大家根据核心议题，共同拟订了学习议题。

- 幼儿观察、评估的价值？
- 怎么观察幼儿？
- 怎么分析和评估幼儿？
- 如何根据观察分析的内容支持幼儿？

（二）第一轮自主学习

确定核心问题和学习议题后，教师开始为自主学习搜集相关的信息资源。组织者为了帮助教师更有目的地开展学习，向教师提出了自主学习任务：以幼儿游戏观察为切入点，通过自主学习确定游戏观察的步骤，并确定各个步骤的要点，尝试制作观察记录表。

分组学习过程中，教师制订了小组学习计划，有序开展主题学习。下文为第三小组学习计划。

第三组学习计划与实践

1. 学习议题：为什么要观察？如何观察？

2. 学习形式

（1）自主学习：小组5位教师，每人选择一篇文章或者书籍进行重点阅读和梳理，用思维导图整理学习结果，并且每人根据自己的学习需要自主搜集更多的信息资源。

（2）小组研讨：每位教师在小组内分享自己的学习成果，交流心得体会，讨论梳理小组的观点。

（3）实践反思：在理论学习的同时，教师在带班时实践学习的观察、评估和分析策略，在实践中检验、反思和生成新的策略。

3. 学习时间安排与支持

教师备课时间开展自主学习，每周进行2次小组研讨，每次2人进行分享，自主学习与合作学习持续两周的时间。

年级长、教研员、研究员分别参加一组的小组学习，在小组研讨过程中进行组织与引导，保证同一小组人员能够集中学习，确保研讨的内容围绕主题展开，且符合课程理念。

（三）集中学习

小组学习结束后，大家开始准备集中分享，各组制作并分享PPT，确定发言人，做好分享准备。在分享过程中，组织者请教师分享梳理后的学习成果，主要包括进行幼儿观察评估的步骤、要点、策略等内容；同时组织者欢迎大家把自主学习和小组学习时没有解决的问题和困惑提出来，通过集中学习一起解决。

1. 观察评估的步骤及要点

各组的教师分享了观察评估的步骤，尽管有细微的不同，但是大致上可分为以下几个环节。

明确观察目的：对照问题式学习课程幼儿学习与发展目标确定具体观察目的，参考《3~6岁儿童学习与发展指南》、幼儿学习内容聚焦观察目的，结合对幼儿的了解确定观察目的。

实施观察：保障幼儿安全；围绕观察目的进行观察；记录客观中立，少用主观的词句进行记录，尽量引用幼儿说的原话；描述细节，详细记录幼儿的动作、行为、表情、情绪。

分析观察内容：描述事件发生脉络，结合幼儿的个性特征和行为表现分析问题产生的原因。

评估幼儿发展现状：依据幼儿的表现和教师对幼儿的了解，参照问题式学习课程幼儿学习与发展目标、幼儿学习内容进行评估，了解幼儿当下的学习情况。

评估具体参照幼儿学习与发展目标中的三级水平，幼儿学习内容中各领域学习线索，在评估时要有理有据，根据幼儿具体的行为表现进行评估，每一个评估的内容都有客观的观察内容的支持。

下一步的想法：向家长了解更多的信息，进一步观察以了解更多情况，设计教学活动，调整师幼互动方式、内容，改善学习环境。

2. 观察工具

观察不仅仅是靠教师的感官进行观察和记录，为了更好地进行观察评估，教师提到了促进有效观察的各种观察工具。

（1）观察记录表

教师根据观察的步骤和要点及参考书中的内容，开始设计观察记录表，在设计的过程中，大家达成共识，明确观察记录表要包含时间、地点、人物、事件、分析、评估、下一步想法等要素。

（2）记录工具

购置便于收放纸笔的围裙。

在教室各个区域放置便笺纸和笔。

手机、相机等电子设备。

（四）实践策略

自主学习结束后，教师开始行动起来，从幼儿的区域游戏入手进行观察。一方面，区域游戏时教师有更多的时间用来观察和记录；另一方面，区域游戏需要教师通过观察了解幼儿的游戏水平来支持幼儿的深度学习。教师观察记录后尝试对幼儿进行分析和评估，并制订下一步的计划。

四、第二轮研训

（一）发现新问题

经过第一轮研训后，教师掌握了基础观察技能，大家对于观察也不再排斥，在实践中体会到通过观察为幼儿提供适宜支持与引导的价值。而在深入运用观察的过程中，教师遇到了新的问题：如何进行分析、如何确定观察的内容是幼儿表现出的真实想法、如何观察更多的幼儿……教师对于观察有了更高的要求和期待，第一轮研训中简单的观察记录表和观察步骤已经不能满足教师的实践需要，需要进行更深层次的观察研训以提高教师的观察能力。

教师七嘴八舌地说起了自己遇到的问题，为了帮助大家澄清问题，组织者和教师一起从零散的问题中聚焦了几个核心问题。

- 如何提高观察的客观性，了解幼儿行为及行为背后的想法？
- 如何科学地分析和评估幼儿？
- 如何保障能对全班幼儿进行观察评估？

（二）自主学习

大家在第一轮研训基础上进行第二轮自主学习。大家以小组为单位，开始搜集信息资源。第一轮自主学习时，教师已经搜集了很多的书籍、文章，这次的研训重点在于分析观察内容和制订支持计划，教师围绕这两个要点进行了资源查找。确定学习资源后，大家开始分小组自主学习，组织者鼓励教师结合自己之前的观察记录和实践经验进行书籍和文章的阅读，将学习与实践、已有经验联系起来，同时反思第一轮实践过程中做得不好的地方。

（三）建构深度观察策略，形成共识

自主学习结束后，教师进行了小组汇报与分享，最后共同建构出极具操作性的策略。

1. 多种形式进行观察记录

为了更客观全面地了解幼儿的想法，并能在对区别幼儿进行观察的同时兼顾全班幼儿，教师要在观察记录中加入儿童视角。教师可以请幼儿记录自己的活动，如在区域游戏、户外活动结束后，将自己的游戏用纸笔记录下来。随后教师询问："你画的是什么？玩了什么游戏？怎么玩的？请介绍一下自己的记录和游戏过程。"教师在幼儿的作品旁边将幼儿的话原原本本地记录下来，作为观察评估的依据。

教师不仅可以通过眼睛看、耳朵听等方式观察记录，还可以通过与幼儿交流、对话等方式进一步澄清幼儿的行为和想法。此外，教师不仅可以记录幼儿的行为、动作、表情、语言，还可以将幼儿的作品纳入观察分析的范畴，多角度、多方面进行观察分析，提高分析的科学性与准确性。

2. 分工合作，持续观察，提高观察的系统性与持续性

教师分工合作确保一段时间内，能够对全班幼儿进行观察评估。

对幼儿进行持续的观察记录，如对某个区域或某个幼儿进行持续1-2周的观察记录。

定期进行反思回顾，避免忽略对某些幼儿的观察评估。

对照幼儿学习内容八大领域和学习与发展目标，确保对幼儿的观察评估涉及各个领域，及时查漏补缺。

3. 借助专业工具，提高分析的科学性

教师提到在分析幼儿性格特征的时候遇到很多的困难。组织者请大家从两个方面对这个问题进行思考。一方面，幼儿的性格特征与其行为表现密不可分，教师想到可以在观察的时候运用心理学相关知识分析幼儿的性格特征，特别是在气质类型、个性、情绪与社会性等方面；另一方面，教师确定了可以结合作品分析进行观察，幼儿的记录是表现自己内心世界的重要支架，教师可以借助专业的书籍，从游戏记录中分

析幼儿的性格特征，而不仅仅对单个观察片段进行分析。

4. 灵活运用学习与发展目标、学习内容评估，支持幼儿

结合学习与发展目标的三级水平、幼儿学习内容的学习线索、对幼儿的前期观察等分析所看到的内容，围绕观察目的进行分析。先通过学习与发展目标三级水平、学习线索评估幼儿当前的学习情况，再结合对幼儿的了解和幼儿的兴趣找到对幼儿有挑战的学习目标、学习内容。幼儿可以通过探究、合作、教师支持等达到这一发展水平。

（四）第二轮观察实践，解决问题

教师以班级为单位开展观察评估幼儿学习与发展的实践，并在每周的小教研上提出自己实践中的问题与困惑，与其他教师共同建构解决问题的策略。

五、评价

此次研训针对教师观察能力的提升进行了两轮自主学习与实践。第一轮研训主要帮助教师初步掌握观察的内涵、基本步骤及注意事项，教师通过观察实践掌握基本观察技能后，教师的问题引发了第二轮更深入的学习研训。大家针对观察中不知道如何分析、制订计划的问题进行了自主学习和实践。最终，教师的观察能力有了质的提升，提交的观察记录质量越来越高，且大家对观察记录的积极性也提高了，和幼儿进行交流互动也更有方向。此外，研训过程中，教师通过自主学习提升了信息素养、自主学习能力，通过对实践的反思提高了反思能力，通过小组研讨提高了合作与交流能力。

"研训前我的幼儿区域游戏观察记录流于形式，对观察记录的方式方法理解单一；撰写观察记录的自觉性和主动性都不强。在实践观察中以照片记录为主，观察的随机性强，目的性弱，教师跟进力度也不够。撰写的观察记录文本不规范，观察记录主要用于存档，利用率不高。参加研训后在进行幼儿游戏观察时我会先明确观察的目的，为什么要观察？观察谁？观察什么？了解幼儿游戏当前的发展水平，有针对性地进行有意义的评估，进而调整活动设计，提高游戏质量。教师要学会随时很好地捕捉到幼儿的一举一动，成为一个观察者，一个善于观察的人。"（林老师）

"以前我在幼儿观察和评估时总是对观察什么会犹豫不定，对幼儿的评估也是建立在自己感觉上的泛泛评论。对于这个问题，我现在的体会是选择的观察内容一定是幼儿的成长和发展，而不是事无巨细的。例如，前面讲到的陈又宁，我们了解这个幼儿不爱与人交往，那我就会选择去观察她在"给房子刷油漆"合作游戏的表现并进行分

析，通过观察，我发现幼儿愿意参加合作游戏了，在游戏过程中能够很好地完成自己的任务，但是缺乏与人合作；至于评估，我学习了相关专业书籍，学习如何识别幼儿的典型行为表现。参考幼儿园幼儿学习内容及学习目标，例如，幼儿在书写方面，3至4岁幼儿是涂鸦期向火柴人发展，我们不仅要正确地评估幼儿的毛线团，而且要想着幼儿发展的下一阶段是火柴人。只有教师心中装着幼儿可能的典型行为表现，才能对幼儿做出客观的评估。"（吴老师）

～ 案例2：幼儿学习档案 ～

一、确定问题

幼儿学习档案是问题式学习课程的重要评价工具。它既可以详细、生动地描述幼儿在园的学习与生活，又可以帮助教育者对幼儿的发展过程进行动态、适宜的、情境性的纵向评价。幼儿学习档案还可以帮助教师加深对幼儿的理解，寻找幼儿的最近发展区，提高教师、家长与幼儿之间互动的质量，促进幼儿园与家庭形成教育的合力，激发幼儿的自主学习。

学期末，各班教师翻阅班级幼儿的学习档案袋，想要对班级幼儿的整体学习与发展以及每个孩子的全面发展进行评估，然而，她们却发现学习档案袋存在一些问题。

"我们班孩子的学习档案袋薄厚不一，有些孩子的成长档案袋很厚，有些孩子的成长档案袋很薄，我现在对班里一些孩子的学习与发展情况了解不够，而且很难把握全班孩子的情况。"

"我们班孩子学习档案里的资料都是只记录了在10月份的学习和发展情况，其他时间的资料基本没有，所以，我们不太了解当下孩子的学习与发展情况。"

年级长听到教师的问题后，随机翻阅了几个班幼儿成长档案袋，发现除了教师说的几个问题外，还有一些需要改进的问题。

第一，学习档案袋普遍都是将幼儿的活动照片、作品留了下来，虽然对幼儿的活动、作品进行了描述，但是没有评价。

第二，很多成长档案袋只是按照时间线索积累的幼儿活动流水账，没有体现出教师对幼儿成长的整体思考。

第三，教师观察评估的科学性、系统性不够，观察评估比较随意、主观，难以客观反映幼儿的学习与发展情况。

第四，学习档案袋是教师一个人的"苦力活"，幼儿和家长没有参与学习档案袋的建立和丰富过程，缺失了他人的视角。

……

教师对于幼儿学习档案袋的价值认识不清，对于如何建立和丰富学习档案袋也存在一些误区，导致学习档案袋里面只有孩子的活动、照片和作品，没有评价，学习档案袋中内容也难以体现幼儿的学习与发展。幼儿和家长的视角也没有体现在学习档案袋中，最终学习档案袋只是一沓厚厚的记录，教师不知道如何运用学习档案，难以真正发挥价值。由此，研训组从教师遇到的实际问题出发，开展"幼儿学习档案袋"研训，和教师一起学习了解学习档案袋的作用以及使用方法。

二、开发研训方案

（一）拟订学习目标

理解幼儿学习档案袋的价值。

知道学习档案袋中应该收集哪些内容。

知道如何使用学习档案袋。

（二）准备学习资源

组织者购买了一批适合教师阅读的学习档案袋相关书籍，如《幼儿学习档案——真实记录幼儿学习的历程》，并在中国知网等平台下载了相关的文章，为教师提供了园本课程相关学习资源。同时组织者鼓励教师通过上述途径及更多方式搜集更多的学习资源。

（三）确定研训形式

集中学习：第一次集中学习组织教师进行研讨，帮助教师认识问题、分析问题，了解教师已有经验。第二次集中学习一方面分享交流教师自主学习成果，另一方面通过参与式培训帮助教师掌握建立、丰富学习档案袋并运用档案袋进行评价和支持的方法与策略。

自主学习与合作学习：教师通过自主学习、合作学习搜集信息资源，了解幼儿学习档案袋的价值、目标、内容及建构途径等。

实践反思：教师将学习成果运用到实践中，并在实践中不断反思，提炼有益的经验，检验研训效果。

三、开展研训

（一）第一次集中学习

1. 认识问题，分析问题

组织者向教师提供了几份幼儿的学习档案袋，请大家传阅。传阅之后，组织者请大家分享了制作学习档案袋的过程和感受。为了让每位教师都能大胆地表达自己的真实感受，大家以匿名的方式写在纸上，写完后贴在白板上，大家互相参观。

有的教师觉得学习档案袋对幼儿有积极的帮助："每次做学习档案袋都是一个回顾幼儿学习的过程。"大部分教师表达了对学习档案的不理解："每次做学习档案都是期末赶出来的，费时费力。""学习档案最后就是发给家长看看，感觉和平时微信群发给家长的信息差不多，只是汇总起来了而已。"也有的教师认可学习档案袋的价值，但是不知道该怎么做是对的，表达了自己的困惑："我不知道里面放幼儿的作品和活动照片时有没有什么讲究"……

2. 聚焦核心问题

组织者将教师对学习档案袋的理解和感受进行了梳理，运用KW表（见表10-1）梳理了教师对幼儿学习档案的已有经验、学习和实践方向。

表10-1　关于幼儿学习档案的KW表

我已经知道了什么?（Know）	我还想知道什么?（What）
学习档案袋是一种对孩子进行过程性评价的工具。 学习档案袋里包括教师观察记录、幼儿作品、幼儿照片等内容。 可以让家长和孩子参与学习档案袋的建立与丰富的过程。	学习档案袋的作用是什么? 学习档案袋里的资料类别、搜集要求有哪些? 过程中怎么管理和丰富学习档案袋? 教师要怎么运用学习档案袋?

通过KW表格，教师很快确定了核心问题：怎么做幼儿学习档案袋?

并将这一核心问题进行了分解，确定了以下几个子问题：

（1）学习档案袋的作用是什么?

（2）学习档案袋里应该有哪些内容?

（3）如何使用幼儿学习档案袋?

KW表格

KW表格是用来支持教师梳理已有经验和聚焦问题的工具，教师在K（know）一格写下"我已经知道了什么"，在W（what）一格写下"我还想知道什么"，在这个过程中，教师的思路逐步清晰，问题进一步聚焦，为接下来有效的自主学习和小组学习打好基础。运用KW表格聚焦问题需要注意以下几点。

第一，事先准备好KW表格。

第二，可以先请教师自主思考完成KW表格，再进行小组讨论。一方面，发挥教师的集体智慧解决个别问题，另一方面，找到大家都关心的问题。

第三，过程中引导教师对问题进行梳理、归类。

（二）小组学习

确定核心问题及子问题后，教师围绕问题开展自主学习，为了促进不同年级教师的充分交流，将大家混搭分成了6个小组，在组织者的支持下制订了各组的学习计划。下文为一个小组的学习计划。

幼儿学习档案研训学习计划

1. 学习目标

以小组为单位，制订一个学习档案袋模板。

2. 自主学习与小组学习

（1）每组选择一个搜索渠道进行资料搜集；

（2）每组选择1—2本书籍重点阅读，小组内每位成员选择1—2篇重点文献进行阅读；

（3）每位成员将学习内容进行梳理，摘取重点；

（4）每组选派一位代表参加线上/线下培训，并做好资料的整理工作；

（5）每组开展学习分享，交流成员学习成果，共同梳理本组学习成果，形成文稿资料，并将重点内容以PPT的形式呈现，做好分享交流的准备。

制订学习计划后，各组教师认真开展自主学习，大家结合信息素养研训的内容，通过输入"幼儿学习档案""幼儿成长档案""真实性评价"等关键词在中国知网、图书馆等平台搜集资源，并运用思维导图梳理学习成果。

（三）第二次集中学习，建构策略

各组梳理了本组自主学习与小组学习成果，组织者组织教师开展集中学习，分享各组学习成果，从各组计划中梳理、建构策略。

组织者请各组根据本组认领的子问题，进行策略的梳理，各组教师分享了自己的学习成果。在各组分享成果的基础上，组织者和教师针对幼儿学习档案袋的作用、学习档案袋应该收集哪些内容、如何使用学习档案袋等问题达成共识。教师还一起梳理了幼儿园已有的相关观察评估表格、检核表，为选择放入学习档案袋的资料提供参考。

组织者针对教师的薄弱环节提供信息资源、学习培训机会。研训期间，每两周组织一次小教研活动，年级长组织开展研讨，备课组教师分享观察评估过程中遇到的困难，通过研讨解决问题。研训结束后，教研员每月都会组织开展研讨活动，教师分享交流经验与困惑，通过分组讨论的形式解决问题。

（四）分组开展小教研，解决实践中遇到的新问题

在每周一次的小教研前，教师将实践中遇到的问题汇总在一起。小教研过程中，年级长带领本年级教师对问题进行研讨，整合各个班的实践经验，并通过集体头脑风暴解决问题。在第三周的小教研过程中，教师提出的问题经过讨论都有了多样的解决方法。

中班第三周幼儿学习档案教研记录

1. 家长反映不知道怎么做幼儿在家的学习档案，希望得到教师的支持。

策略：①可以请幼儿园经验丰富的宋老师专门开展家长工作坊，帮助家长了解如何丰富幼儿的学习档案袋。②在征得家长同意的前提下，把其有益经验分享在家长群里。

2. 幼儿的视角怎么体现呢？有没有一些好的做法？

策略：①请幼儿制作自己档案袋封面，激发幼儿的兴趣；②把档案袋放在孩子可以看的到的地方；③区域活动结束后、离园前请幼儿自主选择喜欢的作品放进档案袋；④询问幼儿的想法，为活动、作品做注释；⑤每月和幼儿开展档案袋之旅，请幼儿翻阅档案了解自己的学习。

3. 如何把学习档案袋转变成支持教师调整教学计划、支持幼儿学习与发展的工具，有什么做法可以借鉴吗？

策略：①制订月计划时，翻阅幼儿的档案袋，回顾幼儿的学习；②关注幼儿的成长、兴趣，多关注幼儿积极的变化；③家访时借助学习档案袋和家长交流更多的信息。

4. 学习档案袋里面的东西太多了，翻找起来特别困难。

策略：①为学习档案初步进行规划，在第一页制作目录。②在侧面贴上便笺纸方便查找。

5. 什么时候对幼儿作品进行说明性的注释？感觉没有时间。

策略：①区域活动后幼儿记录自己的活动过程，有的幼儿记得快，有的幼儿子记得慢，可以在这个时间把幼儿对作品的描述记录下来。②可以先将语音录制下来，之

后再转为文字。

（五）实践策略，解决问题

梳理总结了学习档案袋实践策略之后，大家决定边实践边总结反思，不断从实践中汲取营养，发现问题，从而完善实践策略，形成学习档案实践资源包。以下为中三班教师的计划与实践。

中三班学习档案工作计划

1. 学期初家长会上介绍学习档案袋的价值，并邀请家长参与。

2. 把学习档案袋放在班级门口的柜子里，方便及时丰富档案袋。

3. 每位教师重点负责一组幼儿档案袋资料的搜集工作：张老师负责蓝莓组幼儿、温老师负责香蕉组幼儿、黄老师负责苹果组幼儿。

4. 每月安排一次班会讨论学习档案搜集情况，制订下月学习档案搜集计划。

5. 每两个月选择一周的时间，请幼儿把学习档案袋带回家，家长将幼儿在家的学习与发展信息补充到档案袋中。

教师很快开始行动起来，家长会上向家长介绍了学习档案袋的价值。家长们都很认可，都想通过学习档案袋记录幼儿的成长。

教师请幼儿为自己的学习档案袋制作了独一无二的封面，并在档案袋侧面贴上了幼儿的名字。

教师挑选了一些有价值的资料放入学习档案袋中，如幼儿小班新生家长问卷、每学期的体检表、幼儿小班刚入园的照片、学期中和学期末的照片，幼儿小班上学期、小班下学期、中班上学期等不同时期在各个区域游戏的作品，对幼儿问题式学习活动中的表现观察记录等也重新进行了整理。教师开始有意识地搜集幼儿各种学习与发展信息，温老师还会在每周选择一个离园时间，请幼儿选择一幅自己最满意的作品放进学习档案袋中。张老师在家长微信群中提醒家长拍摄照片，记录幼儿在家的学习与成长，给家长一周的时间在学习档案袋中加入幼儿在家的学习故事。渐渐地，幼儿的学习档案袋丰富了起来。

教师开始运用学习档案袋进行过程性的评价，在班级会议上，班级教师结合学习档案袋分析幼儿的情况，更有依据。在家长约访过程中，张老师把幼儿学习档案和家长分享，因为学习档案袋中有幼儿学习的详细资料，在和家长交流过程中，张老师能全面、具体地与家长分享幼儿的学习情况，教师的观察记录体现出对幼儿的关注，幼儿的作品展现了他们最真实的学习情况，和家长的沟通变得格外地顺畅和深入，而且家长们也更加认可学习档案袋的价值。

温老师在一个问题式学习活动结束后，和幼儿一起回顾了学习档案袋中幼儿的学习过程，幼儿在看学习档案袋时，一边看一边回忆自己当初做了什么，遇到了什么问题，是怎么解决问题的。幼儿都兴致勃勃，为自己能够解决问题感到自豪，还会兴奋地和旁边的小朋友分享。这个过程既是孩子自评的过程，也是同伴互评的过程，孩子更清楚自己活动的发展脉络，更能够提炼有益经验并迁移到其他活动中。

在不断地实践—研讨—反思—实践的过程中，教师对学习档案袋的运用逐渐变得熟练，使得学习档案袋更好地记录了孩子看得见的成长。

四、评价

本次幼儿学习档案研训聚焦问题式学习课程的学与教评价环节，组织者前期通过了解教师在实践中遇到的具体问题确定本次研训的主题。研训通过集中学习、自主学习、小组学习、实践反思等形式帮助教师理解学习档案的价值，转变以往关于学习档案袋的错误观念与做法，在实践中逐步掌握建立、丰富、管理、运用学习档案袋的策略；通过学习档案袋评价和支持幼儿的学习与发展，教师的专业能力、专业知识得到了提升。教师不再抱着以往完成任务的心态，而是在和幼儿、家长共同记录、整理的过程中更加了解幼儿如何学习，了解幼儿独特的兴趣、能力和需求，更加了解自己正在教什么、需要继续做哪些事情。这个过程也促进了教师和幼儿、教师和家长之间更深层次的互动，增进了师幼及家园之间的关系。此外，教师在搜集、筛选、运用信息解决问题的过程中发展了信息素养，在与小组成员讨论、学习过程中发展了交流沟通与团队合作能力，在回顾反思过程中发展了元认知能力，教师问题式学习素养得到了有效的提升。

人生百年，立于幼学。从内陆到沿海，从教师到园长，我始终奋斗在学前教育一线，见证了中国学前教育的发展，努力探索着学前素质教育的改革之路。我心中始终坚守着一个朴素的信念，学前期的幼儿应该拥有一个快乐而幸福的童年，不能在束缚和呵斥中长大。我一直认为，传统教学着眼于知识传授，以填鸭式呈现给幼儿无法理解的概念和知识，幼儿被动接受并机械记忆成人认为重要的知识，这种死记硬背的学习严重脱离了幼儿生活，远离了童年应有的游戏世界，失去了童年的快乐。传统教学无法培育幼儿适应未来社会所需要的各种能力与素养，同样，我们也无法用过去的知识和教学方法教现在的孩子去适应未来的生活，教育急需对此做出回应，而且这种回应必须从学前教育开始。

在长期的教育实践研究中我发现，聚焦于问题的学习活动对幼儿有着强大的吸引力。问题式的学习活动能够激活幼儿的思维，使幼儿在动手动脑、讨论交流中不断生发创造性的想法，幼儿学习的专注力和坚持性都非常好。在以幼儿为中心的问题式学习活动中，幼儿的眼睛是闪亮的，思维非常活跃。他们积极与同伴交流，共同创造作品，在问题解决中不断获得成就感，自信心也越来越强。这使我对问题式学习的研究产生了浓厚的兴趣。

随着研究的不断深入，我接触到医学教育领域中的问题式学习的教学模式（Problem-Based Learning, PBL）。它强调学习者在问题情境中主动建构知识来解决实际问题，被认为是最符合时代需要的教学模式之一。问题式学习强调把学习设置到复杂的、有意义的问题情境中，通过让学习者合作解决真实性问题，主动地学习隐含于问题背后的科学知识，并将其灵活应用于问题解决中，形成解决问题的技能和主动学习的态度。这种教学模式和我的教育理念不谋而合，它就像是一颗定心丸，坚定了我探索支持幼儿通过问题进行学习的想法。自此以后，我带领深圳市第十一幼儿园团队对幼儿园问题式学习的应用研究与实践进行了持续、深入的探索，开展了以问题式学习为核心的系列研究，逐步构建了问题式学习的完整方案、课程体系及支持系统。

现在看来，问题式学习不仅吻合学前教育的政策和改革需求，也适应了当代社会的发展需要。人类正在步入智能时代，人工智能、量子计算等各种高科技正在逐渐取代人的工作，对人的合作、知识更新和应用知识解决实际问题等能力培养提出了新要求。应该说，问题式学习越来越具有生命力。为此，我尝试从研究和实践中梳理成果，以问题式学习课程丛书的形式与大家分享。

回首走过的道路，无尽的感谢涌上心头。课程研究历经十多年，我们得到了深圳市教育局各级领导的关切和支持，也得到了许多对幼教事业有着无限热爱的专业人士的帮助。因此，首先要向在研究过程中给予了我们大力支持和帮助的专家团队表示感谢。感谢南京师范大学博士生导师虞永平教授，一直鼓励着我们坚持探索、在面对难题无助之时总是耐心解答，雪中送炭，专业的引领使我们的研究不断向新的高度攀升。虞老师不计任何报酬的无私帮助时常令我感到愧疚，我理解这是因为大家都有一个共同的情怀，就是要拼力打造属于我们中国本土的优质课程，可我感到还是做得不够好，无以回报虞老师对我们的支持和信任。感谢深圳市教育科学研究院副院长潘希武博士，利用周末休息时间带领我们的研究生团队开展了问题类型的深入研究，大大提高了课程研究的深度，提升了课程研究的质量，让我们获益匪浅。感谢深圳大学师范教育学院费广洪教授，百忙之中多次来园指导课程目标的研究，指导我们建立了系统的课程目标及指标体系，帮助团队一起攻克难关。我们还邀请了深圳大学师范学院刘国艳教授，华南师范大学郑福明教授，华东师范大学学前教育系钱雨教授、徐韵教授，浙江师范大学杭州幼儿师范学院刘宝根教授对课程理论和目标的研究进行了指导，得到了很大的帮助。在长期的实践研究中，学前教育专家蔡伟忠博士、时萍教授，深圳市教科院的刘华教授、马灵雁老师等，也为我们的课程研究给予了持续的帮助和支持。在此，还要感谢北京师范大学出版社给予我们的宽容和理解，交稿时间虽一拖再拖，却仍是满满的鼓励和支持，使我们的梦想最终得以实现。

此外，我很庆幸有一群与我同样执着于问题式学习研究的小伙伴们，他们无畏艰难、不计得失，为着专业梦想勇攀高峰，他们对这套丛书的贡献非常大。研究生团队包括姜丽云、刘露、李佳欣、余悦粤、贺旭雅、陈易萍、俞思慧、陈炯姗、刘颖、史文超、王佳韵、卢李鸽等硕士研究生，她们参与了问题式学习课程理论的研究与写作；骨干园长和教师团队包括王煦、周丽霞、谭甜、宋媛、方越丽、梁茜、朱细欢、谭碧莹、杨耀君、房少萍、候茂林、李玥、谢林利、林弋婕、黄青棠、陈淑青、陈小玲、吴蓉、陈燕君、温知仪、杜小玲、朱素雪、张华倩、何春华、阮晶、曹琼等优秀园长和教师，她们参与了问题式学习课程实践研究与案例写作；保障团队包括李捷夏、张凤、罗旖、许钟灼、黄鹤、朱慧群、戴茂生、康美兴、秦晓望、陈秋珍、唐后芳、郭宝贵、杨秀芬、李润凤、罗丽婵、彭招兰、温美芳、方龙波、邹伟导、吕光东、杨永华、杨晓红、谭静云等技术人员，为丛书写作提供了很多技术支持和后勤服务。

在历时十多年的研究中，我们的研究团队从一个个的案例研磨到开发出一套系统完整的课程理论与实践方案，其间历经的艰辛无法用言语描述。我不能忘记，每个周末大家都不舍得休息聚集在一起研讨的情景，不能忘记寒冷的假期我们仍在静静的园中研究思考，不能忘记为了一个难题大家争得面红耳赤的场景……好在不管怎样艰难，我们都坚持下来了。我们创造了一个崭新的课程，它能够为孩子们带来快乐、能够使孩子们获得更好的发展，我们为此而感到骄傲。因此，首先要向和我一直奋斗着的同事们说一声："谢谢！大家很棒！"向扛起重担的研究生团队以及不断迎接挑战的一线教师团队表达衷心的感谢！

愿大家的帮助和支持终能化作一股强大的力量，让问题式学习课程和实施团队借着这股力量，为更多的孩子们缔造出幸福和有意义的童年，为我们祖国的学前教育事业增砖添瓦。

池丽萍
2024年5月